Oda Tietz

Das kleine Blüten-Kochbuch

5 4 3 2 1
ISBN 3-88117-527-X

Gestaltung: Kristin Labuch, Heidrun Schröder
Redaktion: Christiane Leesker

Printed in Italy

Inhalt

Das Feine und Kleine ist oftmals das Besondere, das i-Tüpfelchen für den Gaumen. Es ist ganz leicht zu entdecken, man braucht sich nur zu bücken. Im Garten, im Wald, auf der Wiese und am Wegrand finden Sie die duftenden, frischen, bunten, kulinarischen Blüten. Sie machen die Salate raffiniert, die Desserts elegant, die Suppen aromatisch und die Butter und den Käse poesievoll. Und Torten verleihen sie eine neue und ganz besondere Art von Charme.

Mit Blüten und Blumen zu kochen macht nicht nur Spaß. Sie werden mit Aromen überrascht, die verblüffen und zum unvergesslichen Geschmackserlebnis werden! Wer erahnt schon den köstlichen Genuss von Marzipan beim Biss in eine Weißbrotschnitte, die mit verzuckerten Gänseblümchen veredelt wurde. Auch Salaten verleiht das kleine, unscheinbare Blümchen eine aparte Note, besonders, wenn es sich mit Löwenzahn vermählt. Von köstlicher Süße sind Robinien, die frisch gepflückt – gleich von der Hand in den Mund – ein Leckerbissen sind, sich aber auch gern mit Waldbeeren vereinen. Zauberhaft schön und aromatisch zeigen sich die cremeweißen Holunderdolden, die sich hervorragend für Honig, Limonade, Brot, Küchlein und Krapfen eignen.

Ein zauberhafter Blütenschmuck auf Torten und Desserts sind die nach Zitrone und Ananas schmeckenden Magnolienblüten, die aromatischfruchtigen Dahlien, die sanft-süßen Veilchen und nicht zu vergessen die Stiefmütterchen. Welch einmalige Pikanterie verleihen Kapuzinerkresse- und Borretschblüten Salaten, Fisch- und Fleischgerichten! Und was gibt es Herrlicheres als den Duft, die vielfältige Schönheit und die Farbenpracht von Rosen, deren Blütenblätter auf wundersame Weise Desserts, Backwerk und Getränke parfümieren.

Wer den Zauber der Blütenpracht für sich entdeckt hat, wird ihm verfallen! Was wäre das für ein Gaumen, der keine Überraschungen liebt? Seien Sie gespannt. Das hält Ihre Küche lebendig.

Viele gute, unvergessliche Geschmackserlebnisse wünscht Ihnen
Ihre

Blüten-Alphabet

Bärlauch Blüte und Blatt schmecken leicht nach Knoblauch und sind eine gute Ergänzung zu kräftigem Käse.

Basilikum ist ein typisches Würzkraut der mediterranen Küche. Blüten und Blätter passen zu Tomaten, Mozzarella und Fisch.

Begonien Mit dem säuerlichen Aroma schmecken sie gut zu Salaten und Desserts.

Borretsch Die Blüten haben einen fruchtigen Geschmack und passen zu Salaten, Desserts, Käse.

Chrysanthemen Die Blütenblätter eignen sich für Suppen, Käse-, Ei- und Wurstplatten.

Dahlien Blütenblätter schmecken leicht säuerlich. Sie passen zu Salaten und Suppen. Verzuckert sind sie eine hübsche Dekoration auf Backwerk und Desserts.

Dill Die Blüten sind so aromatisch wie die Blätter und die Knospen. Sie würzen Fisch, Fleisch, Gemüse und sind eine beliebte Zutat bei Einlegegurken.

Gänseblümchen zieren Salate, Backwerk, Desserts und haben einen nussartigen Geschmack. Kandiert schmecken sie wie Marzipan.

Holunder Die Blütendolden dekorieren kandiert Desserts und Backwerk und liefern Brot- und Kuchenteigen feines Aroma.

Jasmin Die Blüten geben nicht nur ein feines Aroma, sie sind auch ein schöner Schmuck auf Desserts und Torten.

Kapuzinerkresse Blüten mit leicht pfeffrigem Geschmack (wie die Blättchen), eine schöne Zierde auf Salaten, Desserts, Wurst-, Ei-, Käse-, Fleischplatten.

Klee Leicht fruchtig schmeckende Blüten, passen zu Salaten, Sülzen, Fleischgerichten, Käse.

Koriander Die Blütendolden zieren Fleischgerichte. Einzelne Blüten passen zu Suppen und Eintöpfen.

Kornblumen sehen auf Desserts, Salaten und Backwerk zauberhaft aus. Ihr Geschmack ist nicht sehr ausgeprägt.

Lavendel Die Blüte verlangt sparsamen Umgang, denn der Geschmack ist intensiv. Passt zu Backwerk, Desserts, Käse.

Levkojen sehen verzuckert besonders schön auf Festtagstorten aus.

Löwenzahn Blüten und junge Blätter schmecken nach Honig. Die Blüten zieren Suppen und Salate und man kann aus ihnen Honig bereiten.

Luzerne, auch Schneckenklee genannt, passt gut zu Salaten, Käse und Fleischgerichten.

Magnolien schmecken gebacken im Teig und schmücken verzuckert Desserts.

Majoran Blüten und Blätter würzen Bratkartoffeln, Fleischgerichte und Leberwurst.

Malven sind eine schöne Dekoration auf Backwerk und Desserts. Das Aroma ist unauffällig.

Mohnblumen sind ein leuchtend schöner Blickfang auf Backwerk, Salaten, Desserts, Suppen. An Aromen liefern sie wenig.

Nelken sind verzuckert geeignet für Desserts und Torten.

Passionsblumen sind dekorativ und liefern Desserts ein feines Aroma.

Reseda haben ein säuerliches Aroma und passen verzuckert gut zu Desserts und Obsttorten.

Ringelblumen Mit mildem Aroma schmücken sie Suppen, Fisch, Geflügel und Salate.

Robinien haben ein süßes Aroma und passen zu fruchtigen Desserts und Obsttorten.

Rosen Alle Sorten und Größen sind essbar und vorzüglich zum Garnieren von Desserts und Torten geeignet.

Rosmarin Die zarten Blüten, aber auch die Blätter, passen gut zu Gemüse, Salaten und Fleischgerichten.

Salbei Blätter und Blüten des echten Salbeis und des Muskatellersalbeis passen mit ihrem würzigen Aroma zu Fisch, Fleisch, Käse und Gemüse.

Schafgarbe Die würzigen Blüten und Blätter passen gut zu pikanten Salaten.

Schlüsselblumen schmecken knackig-frisch und passen zu Salaten, Suppen und Gemüse.

Schnittlauch Die Blüten schmecken etwas sanfter als Zwiebeln. Sie passen zu Ei- und Käsegerichten.

Sellerie Die Blüten zieren deftige Fleischgerichte und pikante Salate.

Senfrauke schmückt mit ihren weißen und lila Blüten herzhafte Wurstplatten und Salate.

Stiefmütterchen zieren Salate, Backwerk und Desserts.

Thymian Die Blüten passen zu Geflügel, Fleisch, Käse, Bratkartoffeln.

Trompetenblumen haben ein süßes, würziges Aroma und passen zu Desserts und Backwerk.

Veilchen zieren in Zuckerrüstung Desserts, Pralinen, Backwerk.

Waldmeister ist eine wichtige Zutat bei Maibowlen. Allerdings sollte man keine größeren Mengen verwenden, da das enthaltene Cumarin Vergiftungen verursachen kann.

Weißklee schmeckt knackig frisch und putzt Salate heraus.

Wiesenschaumkraut Die rosavioletten Blüten läuten den Frühling ein und sind eine schöne Dekoration auf Desserts. Auch frittiert kommt ihr frisch-fruchtiges Aroma zur Geltung.

Zucchini Die Blüten aller Kürbisarten schmecken mit Füllungen oder frittiert.

Für den Verzehr eignen sich nur ungespritzte Blumen und Blüten.

Salate

Salate präsentieren sich in aromatischer Vielfalt und lassen sich trefflich mit farbenfrohen, essbaren Blüten verfeinern. Gut geeignet sind die zauberhaften Borretschblüten in ihrem reinen Blau und dem sanften Gurkenaroma, die dekorativen, eleganten Kapuzinerkresseblüten mit interessantem, pikantem Geschmack (dunkle Blüten haben ein intensiveres Aroma als helle Blüten), die Malvenblüten mit ihrer sanften Süße oder die sonnengelben, frühlingszarten Löwenzahnblüten, die in vielerlei Variationen, geschmort oder mariniert, köstliche Salate und andere Gerichte verfeinern. Bei aller kulinarischer Lust auf Blüten sollte man allerdings beachten, dass Blumen und Blüten frei von Pestiziden sein müssen. Wer auf Nummer sicher gehen will, sollte sie sich aus dem eigenen Garten oder dem von Freunden oder Nachbarn besorgen. Einige Blüten, wie Borretsch oder Kapuzinerkresse, gedeihen auch im Blumenkasten auf dem Balkon.

Eiersalat mit Brunnenkresse und Borretschblüten

6 Eier, 1 Bund Brunnenkresse, 150 g Joghurt, 1 EL mittelscharfer Senf,
3 EL Crème fraîche, 3 EL Zitronensaft, Salz, frisch gemahlener Pfeffer,
½ TL Zucker, 125 g durchwachsener Speck,
1 Hand voll frisch gepflückte, gereinigte Borretschblüten

Die Eier 10 Minuten kochen, in kaltem Wasser abschrecken, pellen und halbieren. Jede Hälfte in 3 Teile schneiden. Die Brunnenkresseblätter waschen, trockenschütteln und von den Stielen trennen. Joghurt, Senf, Crème fraîche und Zitronensaft verrühren und mit Salz, Pfeffer und Zucker würzen. Die Brunnenkresse in eine Salatschüssel geben, die Eier darauf anordnen und mit der Sauce übergießen. Den Speck in kleine Würfel schneiden, in einer Pfanne knusprig braten und darüber streuen. Mit Borretschblüten garnieren.

Kartoffelsalat mit Sellerieblüten

*1 kg Süßkartoffeln, Salz, Saft von 1 Zitrone,
3 Schalotten, 5 Stangen Staudensellerie, 1 säuerlicher Apfel,
1 kleines Stück Ingwer, 150 g Mayonnaise, 1 TL mittelscharfer Senf,
1 TL abgeriebene unbehandelte Orangenschale,
Sellerieblüten zum Dekorieren*

Die Kartoffeln waschen, in einen Topf füllen, Wasser angießen, Salz und
1 Esslöffel Zitronensaft zufügen und 30 Minuten kochen lassen. Abgießen.
Die Kartoffeln pellen und in feine Scheiben schneiden. Die Schalotten
schälen und fein würfeln. Die Selleriestangen putzen, waschen und in
dünne Scheiben schneiden. Den Apfel schälen, in kleine Würfel schneiden,
dabei das Kernhaus entfernen. Den Ingwer schälen und reiben. In einer
Schüssel die Mayonnaise mit dem Senf, der Orangenschale, dem restlichen
Zitronensaft und dem Ingwer verrühren. Salz und Pfeffer zufügen. Kartoffeln, Schalotten, Sellerie und Apfelwürfel zugeben. Alles vermischen. Auf
Salattellern verteilen und mit Sellerieblüten dekorieren.

Gänseblümchensalat

1 Kopf grüner Salat, 2 EL Öl, 2–3 EL Zitronensaft, $\frac{1}{2}$ TL Zucker,
Salz, frisch gemahlener weißer Pfeffer, 2 Hand voll frisch gepflückter,
gereinigter Gänseblümchen

Den Salat putzen, waschen und in mundgerechte Stücke pflücken. Öl, Zitronensaft, Zucker, Salz und Pfeffer vermischen und den Kopfsalat damit marinieren. Zuletzt die Gänseblümchen untermischen. Sofort servieren.

Löwenzahnblütensalat

150 Löwenzahnkronen, 2 Schalotten, 100 Schinkenspeck,
Salz, $\frac{1}{2}$ TL Zucker, 2 EL Weinessig, 2 hart gekochte Eier,
einige gereinigte Löwenzahnblätter zum Garnieren

Die Blüten reinigen und kreuzweise fein einschneiden. Die Schalotten schälen und fein hacken. Den Speck in kleine Würfel schneiden und kross ausbraten. Blüten, Schalotten, Salz, Zucker und Essig in eine Schüssel geben und vermischen. Die Speckwürfel mit dem Fett über dem Salat anrichten. Die Eier pellen, in Achtel schneiden und dekorativ darauf legen. Die Löwenzahnblätter zerkleinern und den Salat damit garnieren.

Kopfsalat mit Kapuzinerkresseblüten

2 Salatköpfe, Saft von 1 Zitrone, 3 EL Öl,
Salz, frisch gemahlener schwarzer Pfeffer,
1 zerdrückte Knoblauchzehe, 2 Hand voll frisch gepflückte,
gesäuberte Kapuzinerkresseblüten

Die Salatblätter waschen, in mundgerechte Stücke
teilen und in eine Schüssel legen. Zitronensaft, Öl,
Salz, Pfeffer und Knoblauch vermischen und über
die Salatblätter geben. Die Kapuzinerkresseblüten obenauf anordnen und
sofort servieren.

Radicchio-Salat mit Malvenblüten und karamellisierten Cashewkernen

Für die Cashewkerne: 100 g Cashewkerne, 2 EL Zucker,
2 EL Weißwein, 15 g Butter
Für den Salat: 1 Radicchio (300 g), 2 Karambolen (Sternfrüchte),
1 Orange, 1 rotbackiger Apfel, Saft von 2 Zitronen,
Salz, ½ TL Zucker, 6 EL Öl,
6–8 frisch gepflückte, gereinigte Malvenblüten

Die Cashewkerne längs halbieren. Den Zucker in eine Pfanne geben und goldbraun schmelzen. Weißwein und Butter zugeben und so lange kochen, bis sich der Karamell aufgelöst hat. Cashewkerne zugeben und im Karamell wenden. Vom Herd nehmen und auskühlen lassen.

Für den Salat den Radicchio putzen und halbieren, den Strunk heraustrennen. Die Blätter waschen, trockentupfen und in mundgerechte Stücke zupfen. Die Karambolen waschen und quer in Scheiben schneiden, sodass kleine Sterne entstehen. Die Orange schälen und die Filets aus den Trennhäuten herauslösen. Den Apfel waschen und ungeschält in Spalten schneiden, dabei das Kernhaus entfernen. Sofort mit 2 Esslöffeln des

Zitronensaftes marinieren. Den restlichen Zitronensaft mit Salz und Zucker verrühren und das Öl unterschlagen. Den Radicchio damit marinieren. Karambolen, Orangenfilets, Apfelspalten und Malvenblüten unterheben. Die karamellisierten Cashewkerne aufstreuen.

Eisbergsalat mit Schlüsselblumen

1 Eisbergsalat, 2 Kohlrabi, 250 g gekochter Schinken, 6 EL Olivenöl,
3 EL Zitronensaft, Salz, frisch gemahlener weißer Pfeffer, Minzeblätter,
einige frisch gepflückte, gereinigte Stängel Schlüsselblumen

Den Eisbergsalat waschen, trockentupfen und in dünne Streifen schneiden. Die Kohlrabi schälen und in hauchdünne Scheiben schneiden. Den Schinken in feine Streifen schneiden. Auf einer Platte in der Mitte Eisbergstreifen anordnen, Kohlrabischeiben ringsum legen und die Fleischwürfel darauf verteilen. Aus Öl, Zitronensaft, Salz und Pfeffer eine Marinade bereiten und kurz vor dem Anrichten über den Salat geben. Mit Minzeblättern und einigen Schlüsselblumen verzieren.

Fruchtsalat mit verzuckerten Resedablüten

Für die Blüten: 2 Hand voll frisch gepflückte Resedablüten,
2 Eiweiß, 125 g Zucker
Für den Salat: 4 Aprikosen, 250 g Sauerkirschen, 200 g rote Johannisbeeren,
100 g weiße Johannisbeeren, 100 g schwarze Johannisbeeren,
200 g Zucker, 5 EL Weinbrand, 100 g Himbeeren,
Schlagsahne nach Belieben

Die Blüten waschen und abtropfen lassen. In einem tiefen Teller das Eiweiß leicht verschlagen. Die Blüten hineintauchen, abtropfen lassen und ringsum mit Zucker bestreuen. Ein Backblech mit Pergamentpapier belegen, die Blüten darauf setzen und im vorgeheizten Backofen bei 50 Grad trocknen lassen. Die Ofentür spaltbreit geöffnet lassen.

Für den Salat die Aprikosen und die Sauerkirschen waschen, entsteinen und klein schneiden. Die Johannisbeeren waschen und von den Rispen streifen. Das Obst mischen. Den Zucker darüber geben. Zugedeckt 30 Minuten ziehen lassen. Vor dem Servieren den Weinbrand darüber träufeln. Die Himbeeren waschen und obenauf anordnen. Mit den verzuckerten Resedablüten verzieren. Nach Belieben Schlagsahne dazu reichen.

Pfirsichsalat mit kandierten Magnolienblüten

*Für die Garnitur: 12 frisch gepflückte Magnolienblüten, 3–4 Eiweiß,
1 TL Zitronensaft, 150 g Zucker
Für den Salat: 1 kg Pfirsiche, Saft von 1 Zitrone, 80 g Zucker,
4 EL Weißwein, 125 g Himbeeren*

Für die Garnitur die Magnolienblüten waschen und abtropfen lassen. In einem tiefen Teller das Eiweiß mit dem Zitronensaft leicht verschlagen. Die Blüten hineintauchen, gut abtropfen lassen und ringsum mit Zucker bestreuen. Ein Backblech mit Pergamentpapier belegen, die Blüten darauf setzen und im vorgeheizten Backofen bei 50 Grad trocknen lassen. Die Ofentür dabei spaltbreit geöffnet lassen.

Für den Salat die Pfirsiche kurz in heißes Wasser legen, herausnehmen, die Haut abziehen und die Früchte in kleine Würfel schneiden. Zitronensaft, Zucker und Weißwein vermengen und darüber gießen. Zugedeckt kalt stellen und 1 Stunde ziehen lassen. Vor dem Servieren die gewaschenen Himbeeren untermischen. Mit kandierten Magnolienblüten dekorieren.

Suppen,
deftig & süß

S uppen werden mit duftenden Kräutern und raffinierten Aromen zu kulinarischen Überraschungen. Noch aufregender und interessanter werden sie, wenn sie mit kandierten Nelken oder Holunderblüten gekrönt werden. Das Verzuckern geht leichter als man glaubt. Das Ergebnis ist umwerfend! Gut geeignet für den kulinarischen Auftritt sind auch Lavendel-, Hosta-, Chrysanthemen-, Majoran- und Rosmarinblüten. Eine Möhrensuppe mit Kapuzinerkresseblüten sieht einfach grandios aus. Fleischbrühe mit Ringelblumen wird zur Augen- und Gaumenweide. Die Goldfarbe der Ringelblume kann man übrigens mit in den Winter nehmen, denn die abgepflückten Blütenblätter der Ringelblumen eignen sich zum Trocknen. Auch Holunderblütendolden lassen sich in den Winter „retten", indem man die Dolden hängend an einem schattigen Platz und vor Regen geschützt trocknen lässt.

Paprikasuppe mit Dillblüten

500 g gelbe Paprikaschoten, 1 Zwiebel, 30 g Butter, 1 EL Zucker,
Saft von ½ Zitrone, einige Safranfäden, 1 l Fleischbrühe,
1 Thymianzweig, ⅛ l Schlagsahne, Salz, frisch gemahlener weißer Pfeffer,
4 frisch gepflückte, gereinigte Dillblüten

Die Schoten waschen, entkernen und zerkleinern. Die Zwiebel schälen
und fein hacken. In einem Topf die Butter erhitzen. Schoten und Zwiebel
hineingeben und andünsten. Zucker, Zitronensaft und Safran einrühren.
Die Brühe zugießen. Den Thymianzweig hineinlegen. Alles erhitzen und
10 Minuten köcheln. Die Sahne einrühren und noch 5 Minuten köcheln.
Durch ein feines Sieb geben. Mit Salz und Pfeffer abschmecken. Auf vorgewärmte Suppenteller füllen und mit Dillblüten dekorieren.

Kartoffelsuppe mit Majoranblüten und Thymianblättchen

*2 mittelgroße Zwiebeln, 2 Möhren, 500 g Kartoffeln, 1 EL Butter,
1 EL Mehl, 1 l Fleischbrühe, Salz, frisch gemahlener weißer Pfeffer,
1 Msp. abgeriebene Muskatnuss, 4 EL Schlagsahne,
1 Hand voll frisch gepflückter, gereinigter Majoranblüten,
einige Thymianblättchen*

Die Zwiebeln und die Möhren putzen und grob zerkleinern. Die Kartoffeln schälen und in Stücke schneiden. In einem Topf die Butter erhitzen, das Mehl darin kurz anschwitzen und die Brühe zugießen. Zwiebeln, Möhren und Kartoffeln hineingeben. Mit Salz und Pfeffer würzen. Erhitzen, 30 Minuten köcheln und anschließend pürieren. Muskat und Sahne einrühren. Auf vorgewärmte Teller füllen und mit Majoranblüten und Thymianblättchen dekorieren.

Möhrensuppe mit Kapuzinerkresseblüten

500 g Möhren, 1 Zwiebel, 1 Petersilienwurzel, 30 g Butter,
1 EL Reis, 1 EL Tomatenmark, 1 l Fleischbrühe,
30 g Ingwer, 100 ml Schlagsahne, Salz, frisch gemahlener weißer Pfeffer,
8 frisch gepflückte, gereinigte Kapuzinerkresseblüten

Möhren, Zwiebel und Petersilienwurzel putzen und klein schneiden. In einem Topf die Butter erhitzen, das Gemüse hineingeben und 5 Minuten dünsten. Reis und Tomatenmark einrühren, die Fleischbrühe zugießen, erhitzen und 25 Minuten köcheln. Den Ingwer schälen und fein reiben. Die Suppe durch ein feines Sieb geben. Die Sahne einrühren. Mit Salz, Pfeffer und Ingwer abschmecken. Auf vorgewärmte Teller füllen und mit Kapuzinerkresseblüten garnieren.

Biersuppe mit Waldmeister

1 l helles Bier, ¹/₂ TL abgeriebene, unbehandelte Zitronenschale,
1 Zimtstange, 1 Gewürznelke, 1 EL Zucker, 30 g Stärkemehl, 2 Eier,
ein Sträußchen frisch gepflückter, gereinigter Waldmeisterblüten

Das Bier mit Zitronenschale, Zimtstange, Gewürznelke und
Zucker in einem Topf zum Kochen bringen. Das Stärkemehl in wenig kaltem Wasser verquirlen, einrühren
und kurz aufkochen lassen. Vom Herd nehmen. Die
Eier trennen. Das Eigelb in die Suppe rühren. Das
Eiweiß steif schlagen. In einem Topf Wasser erhitzen.
Von dem Eiweiß mit einem Teelöffel kleine Klößchen
abstechen und in das siedende Wasser geben (nicht kochen
lassen!). Die Suppe auf vorgewärmte Teller füllen und die
Eiweißklößchen obenauf setzen. Die Waldmeisterblüten
an den Stängeln lassen. Jeweils 1–2 Stängel in die Suppe
legen.

Zwiebelsuppe mit karamellisierten Rosmarinblüten

Für die Blüten: 2 EL Zucker, 6 EL Weißwein,
1 Hand voll frisch gepflückter, gereinigter Rosmarinblüten
Für die Suppe: 4 große Zwiebeln, 4 mittelgroße Kartoffeln, 40 g Butter, Salz,
frisch gemahlener weißer Pfeffer, Saft von 1 Zitrone, ¼ l saure Sahne

Für die Blüten den Zucker mit dem Weißwein in einem Topf karamellisieren. Die Blüten hineingeben und den Topf mehrmals hin und her
schütteln. Die Blüten auskühlen lassen.
Für die Suppe die Zwiebeln und die Kartoffeln schälen und in Scheiben
schneiden. In einem Topf die Butter erhitzen, die Zwiebeln hineingeben
und andünsten. Kartoffelscheiben, Salz und Pfeffer zufügen, ¾ Liter Wasser angießen, zum Kochen bringen, 20 Minuten köcheln und anschließend
pürieren. Mit Zitronensaft und saurer Sahne glatt rühren. Mit Salz und
Pfeffer abschmecken. Auf vorgewärmte Suppenteller füllen und mit den
karamellisierten Blüten dekorieren.

Kalte Tomatensuppe mit Chrysanthemenblüten

1 kg Tomaten, Salz, ½ TL Zucker, 1 Gläschen Sherry,
1–2 zerdrückte Knoblauchzehen, frisch gemahlener weißer Pfeffer,
¼ l Schlagsahne, 1 Bund Schnittlauch,
4 frisch gepflückte und gereinigte, goldgelbe Chrysanthemenblüten

Die Tomaten oben etwas einritzen, mit kochendem Wasser übergießen, mit kaltem Wasser abschrecken und die Haut abziehen. Die geschälten Tomaten pürieren. Mit Salz, Zucker, Sherry, Knoblauch und Pfeffer würzen. Die Sahne unterziehen. Kühl stellen. Vor dem Servieren fein geschnittenen Schnittlauch aufstreuen. Die Chrysanthemen auf Glastellern anordnen und neben den Suppentellern platzieren. Die Blättchen nach Belieben abzupfen und zur Suppe geben.

Käsesuppe mit Borretschblüten

30 g Butter, 1 EL Mehl, ¾ l Fleischbrühe, ¼ l Milch,
150 g geriebener Käse (Emmentaler), 100 ml Schlagsahne,
Salz, frisch gemahlener weißer Pfeffer, 1 Msp. abgeriebene Muskatnuss,
1 Hand voll frisch gepflückter, gereinigter Borretschblüten

Die Butter erhitzen. Das Mehl einrühren und anschwitzen. Unter Rühren die Brühe und die Milch zugießen, erhitzen und 10 Minuten köcheln. Den Käse und die Sahne zugeben. Mit Salz, Pfeffer und Muskat abschmecken. Noch 1–2 Minuten köcheln. Auf vorgewärmte Teller verteilen. Die Borretschblüten aufstreuen.

Gänseblümchensuppe

2 Hand voll frisch gepflückter, gereinigter Gänseblümchen, 1 EL Butter,
2 EL Mehl, 1 ¼ l Fleischbrühe, 100 ml Schlagsahne, Salz,
frisch gemahlener weißer Pfeffer, 2 EL fein geschnittener Schnittlauch,
ein paar gereinigte Gänseblümchen zum Garnieren

Die Gänseblümchen fein hacken. Die Butter in einem Topf erhitzen, das Mehl zugeben und glatt rühren. Die Brühe unter Rühren zugießen. Die Gänseblümchen hineingeben, erhitzen und einige Male aufwallen lassen. Die Sahne einrühren. Mit Salz und Pfeffer abschmecken. Den Schnittlauch einrühren. Auf vorgewärmte Teller füllen und einige Gänseblümchen dekorativ darüber streuen.

Es blüht ein schönes Blümelein,
Das blüht auf grünen Auen,
Von innen und von außen fein,
Gar lieblich anzuschauen,
Bald bunt, bald rot, und bald schneeweiß
Ist es des Lenzes frühster Preis,
Des Herbstes letzte Freude.
Die kleinen Kinder, die es seh'n,
Die klatschen in die Hände
Und schmeicheln: „Gänseblümchen schön!"
„O Tausendschön!" ohn' Ende.

Ernst Moritz Arndt

Kalte Avocadosuppe mit marinierten Löwenzahnblüten

Für die Blüten: 40 g Butter, 2–3 Hand voll frisch gepflückter, gereinigter Löwenzahnblüten, 1 EL Weinessig, Salz, ½ TL scharfer Senf, 2 EL Öl, frisch gemahlener weißer Pfeffer, 1 EL fein gewiegte Kräuter
Für die Suppe: 2 Avocados, 2 EL Zitronensaft, 2 EL saure Sahne, ¼ l Fleischbrühe, ⅛ l Weißwein (Riesling), Salz, frisch gemahlener weißer Pfeffer, 1 Msp. abgeriebene Muskatnuss, ¼ l Schlagsahne

Für die Blüten die Butter in einer Pfanne zerlassen, die Blüten hineingeben und kurz anschmoren. Vom Herd nehmen und auskühlen lassen. In einer Schüssel Essig, Salz und Senf gut verrühren, das Öl zugießen, Pfeffer und Kräuter untermischen. Die Blüten in der Vinaigrette zugedeckt 2 Stunden ziehen lassen.

Für die Suppe die Avocados der Länge nach bis zum Stein aufschneiden, halbieren und entsteinen. Das Fruchtfleisch auslösen, durch ein Sieb in eine Schüssel streichen und mit Zitronensaft beträufeln. Saure Sahne, Brühe und Weißwein zufügen und unterrühren. Mit Salz, Pfeffer und Muskat abschmecken. Die Sahne etwas aufschlagen und unterziehen. Die Suppe auf Tellern verteilen. Obenauf die Löwenzahnblüten setzen.

☞ Löwenzahnblüten schmecken auch verzuckert vorzüglich und sind ein schöner Schmuck für Backwerk und Desserts. Dafür schlägt man in einem tiefen Teller 1–2 Eiweiß etwas auf, taucht die Blüten hinein und bestreut sie anschließend ringsum mit feinem Zucker. Auf einem mit Pergamentpapier ausgelegtem Backblech lässt man sie im vorgeheizten Backofen bei 50 Grad trocknen. Die Ofentür sollte dabei einen Spalt breit offen bleiben.

Kalte Krabben-Sahnesuppe mit Thymianblütenspitzen

250 g saure Sahne, 300 g Joghurt, ¼ l Milch, je 1 EL zerkleinerter Dill und Petersilie, Salz, frisch gemahlener weißer Pfeffer, 250 g frische, gepulte Krabben, 1 Hand voll frisch gepflückter, gereinigter Thymianblütenspitzen

Sahne, Joghurt, Milch, Dill und Petersilie verrühren und mit Salz und Pfeffer abschmecken. Die Krabben unterrühren. Die Suppe mit Thymianblütenspitzen garnieren.

Feigensuppe mit Lavendelblüten

1 Dose Feigen (400 g), $^1/_2$ l Wasser, 2 EL Zucker, $^1/_2$ TL Zimt,
1 Msp. gemahlener Kardamom, 1 EL Stärkemehl, 1 l Weißwein (Riesling),
einige Lavendelblüten

Die Feigen in einem Sieb abtropfen lassen. Den Saft auffangen, in einen
Topf füllen, das Wasser zugießen und den Zucker und die Gewürze zufügen. Alles zum Kochen bringen. Das Stärkemehl in etwas kaltem Wasser
verquirlen und einrühren. Kurz aufwallen lassen und vom Herd nehmen.
Die Feigen klein schneiden und mit dem Wein zur Suppe geben. Kalt
stellen. In Suppentassen füllen und mit Lavendelblüten dekorieren.

Fliederbeerensuppe mit kandierten weißen Nelken

Für die Blütendekoration: 20 frisch gepflückte Nelkenblüten, 250 g Zucker
Für die Suppe: 500 g Fliederbeeren (Holunderbeeren), 150 g Zucker, 1 Prise Zimt,
1 Prise Salz, 1 Gewürznelke, ¼ l Rotwein, 1 EL Stärkemehl, 4 EL Schlagsahne

Für die Blütendekoration die Nelken in kochendem Wasser kurz blanchieren und abtropfen lassen. Den Zucker mit etwas Wasser aufkochen, bis er Blasen schlägt. Die Nelken sofort hinlegen und noch einen Augenblick mitkochen. Vom Herd nehmen und auskühlen lassen. Sobald der Zucker trocken geworden ist und sich anfassen lässt, jede Nelke vorsichtig herausnehmen und auf Pergamentpapier erstarren lassen.

Für die Suppe die Beeren waschen, abtropfen lassen und mit Zucker, Zimt, Salz und der Gewürznelke in einen Topf geben. 1 Liter Wasser zugießen. Alles zum Kochen bringen und 10 Minuten köcheln. Durch ein Sieb streichen. Den Rotwein einrühren. Nochmals erhitzen. Das Stärkemehl in wenig kaltem Wasser glatt rühren und die Suppe damit binden. Auf Suppentellern verteilen, jeweils 1 Esslöffel Sahne in die Mitte geben und leicht verrühren. Mit kandierten Nelken dekorieren.

Kaltschale von Holunderblütendolden

Für die kandierten Blüten: 8 gerade aufgeblühte Holunderblütendolden
(mit 3 cm langem Stängel), 6 Eiweiß, 500 g Zucker
Für die Kaltschale: 4 frisch gepflückte Holunderblütendolden, 1 l Milch,
1 EL Stärkemehl, 2 EL Zucker, 300 ml Schlagsahne, 2 Eigelb

Für die Dekoration die Dolden unter fließendem Wasser waschen, die Stiele ins Wasser stellen und die Blüten trocknen lassen. Das Eiweiß in eine Schüssel geben, 8 Esslöffel kaltes Wasser zufügen und alles mit einer Gabel so verrühren, dass kein Schaum entsteht. Eventuelle Bläschen abnehmen. Die Holunderdolden im Ganzen oder zerteilt in die Eiweißmasse tauchen, vorsichtig hin- und herbewegen, herausnehmen und die Feuchtigkeit etwas abschwenken. Das Blüteninnere und das Blütenäußere gleichmäßig mit Zucker bestreuen. Den Stiel auf eine hakenförmig auseinandergezogene Büroklammer spießen und zum Trocknen aufhängen. Für die Kaltschale die Holunderblütendolden waschen und abtropfen lassen. Mit der Milch in einen Topf geben, erhitzen und kurz aufwallen lassen. Die Blüten herausnehmen. Das Stärkemehl mit dem Zucker in 100 ml Schlagsahne glatt rühren, in die heiße Milch gießen, erhitzen, kurz aufwallen lassen, vom Herd nehmen und etwas auskühlen lassen. Das Eigelb unterrühren. In eine Terrine füllen und kalt stellen. Die restliche Schlagsahne steif schlagen, in einen Spritzbeutel füllen und die Kaltschale damit verzieren. Die kandierten Holunderblütendolden obenauf geben.

☞ Holunderblüten eignen sich getrocknet auch als Gewürz für Backwerk und für Tee, den man nach Belieben mit einigen Spritzern Orangensaft verfeinern kann. Am besten trocknet man die Blütendolden, wenn man sie – geschützt vor Regen – an einer Wäscheleine aufhängt. Auf diese Weise bleibt nicht nur ihr Geschmack erhalten, sie behalten auch ihre grünliche Farbe. Werden Holunderblüten im Liegen getrocknet, büßen sie viel an Geschmack ein und bekommen eine triste Beigefärbung.

Hauptgerichte

Braten, Ragouts, Frikassees, Pasteten, Fleischtaschen, Sülzen, Aufläufe, Eierkuchenberge und pikante Torten versprechen köstliche Höhepunkte. Deshalb wird beim virtuosen Umgang mit feinen Aromen und interessanten Dekorationen keine Mühe gescheut. Die Gerichte werden mit Salbei-, Majoran-, Thymian-, Basilikum-, Löwenzahn- und Kapuzinerkresseblüten herausgeputzt. Reiskroketten, dekoriert mit Lavendelblüten, werden zum unvergesslichen Zungen-Spitzenreiter, wie auch eine Sülze mit marinierten Löwenzahnblüten oder ein Eierkuchenberg mit Salbeiblüten. Der Fantasie sind keine Grenzen gesetzt! Geschmackvoll garnieren ist eine Kunst, die jeder kann!

Fleischröllchen auf Tomatenscheiben mit Basilikumblüten

*4 Schweinefilets, Salz, frisch gemahlener schwarzer Pfeffer, 20 Spinatblätter,
20 frische Basilikumblätter, 30 g Butterschmalz, 100 ml Kalbsfond (Fertigprodukt),
6 Tomaten, 3 EL Olivenöl, 3 geschälte Knoblauchzehen,
1 Hand voll frisch gepflückter Basilikumblüten*

Die Filets waschen, trockentupfen und mit Salz und Pfeffer einreiben. Spinat- und Basilikumblätter waschen, trockentupfen und auf den Filets verteilen. Die Filets zusammenrollen und mit Rouladennadeln oder Küchengarn zusammenhalten. In einem Topf das Butterschmalz erhitzen, die Röllchen hineingeben, ringsum anbraten und den Kalbsfond angießen. Die Röllchen etwa 10 Minuten köcheln. Die Tomaten waschen und in Scheiben schneiden. In einer Pfanne das Öl erhitzen, die Scheiben hineingeben und etwa 4 Minuten dünsten. Mit Salz, Pfeffer und ausgedrückten Knoblauchzehen würzen. Die Tomatenscheiben auf eine Platte geben, die Fleischröllchen darauf anordnen. Mit Basilikumblüten dekorieren.

☞ Dazu passt Holunderblütenbrot (Rezept S. 95)

Mandelmedaillons auf Blattsalat und Kapuzinerkresseblüten

500 g Schweinefilet (aus dem Rücken), Salz, frisch gemahlener schwarzer Pfeffer, 2 Eier, 2 EL Mehl, 125 g gehackte Mandeln, 50 g Butterschmalz, frische Salatblätter, 12–15 frisch gepflückte, gereinigte Kapuzinerkresseblüten

Das Fleisch waschen, trockentupfen, in Medaillons schneiden und mit Salz und Pfeffer einreiben. Die Eier verquirlen. Die Medaillons zuerst in Mehl wälzen, dann durch die Eimasse ziehen und danach mit Mandeln panieren. In einer Pfanne das Butterschmalz erhitzen, die Medaillons hineingeben und auf jeder Seite etwa 3 Minuten goldgelb braten. Eine Platte mit knackigen Salatblättern auslegen. Die Medaillons darauf anrichten. Ringsum Kapuzinerkresseblüten anordnen.

☞ Holunderblütenbrot (Rezept S. 95) dazu reichen.

Kalbsbraten mit Wiesenschaumkraut-Beignets

*Für den Kalbsbraten: 1 kg ausgelöste Kalbskeule, Salz,
frisch gemahlener weißer Pfeffer, 100 g Speck, 1 Thymianzweig, 2 EL Öl,
1/8 l Fleischbrühe, 1/4 l Weißwein, 200 ml saure Sahne
Für die Wiesenschaumkraut-Beignets: 1 Sträußchen frisch gepflücktes
Wiesenschaumkraut, 150 g Mehl, 100 g Stärkemehl, 2 Eigelb,
200 ml Mineralwasser, 4 EL Weißwein, Salz,
frisch gemahlener weißer Pfeffer, Öl zum Frittieren*

Das Fleisch waschen, trockentupfen und mit Salz und Pfeffer einreiben.
Den Speck in kleine Würfel schneiden und auf dem Fleisch verteilen, den
Thymianzweig dazugeben. Das Fleisch aufrollen, mit Küchengarn
zusammenhalten und ringsum mit Salz, Pfeffer und Öl einreiben. In den
vorgeheizten Backofen auf den Bratrost legen, eine Fettpfanne mit
3/4 Liter Wasser darunterstellen. Bei 220 Grad 90 Minuten garen. Zwischen-
durch Fleischbrühe und Weißwein über das Fleisch gießen. Den Braten
herausnehmen, das Küchengarn entfernen. Den Braten auf eine Platte
legen und warm stellen. Den Bratensaft in einen Topf geben und etwas
einkochen. Die saure Sahne einrühren. Mit Salz und Pfeffer abschmecken.

Die Sauce über das Fleisch gießen. Warm stellen.
Für die Wiesenschaumkraut-Beignets die Blüten-
zweige waschen und abtropfen lassen.
Mehl, Stärkemehl, Eigelb, Mineralwasser und
Weißwein verquirlen, mit Salz und Pfeffer
würzen. In einem Topf das Öl erhitzen. Die
Blütenzweige in den Teig tauchen und
in erhitztem Öl goldbraun frittieren. Auf
eine vorgewärmte Platte geben. Beide
Platten zu Tisch bringen.

☞ Ein Sträußchen Wiesenschaumkraut in einer Vase ist eine
hübsche Tischdekoration.

Gefüllte Lammkeule mit Senfrauke-Beignets

Für die Lammkeule: 300 g Kalbsnieren, 200 ml Milch, 80 g Butterschmalz,
50 g feinstreifig geschnittene Champignons, 1 Thymianzweig, einige frisch gepflückte
Rosmarinblüten, Salz, frisch gemahlener weißer Pfeffer, 1 Lammkeule
(den Knochen vom Fleischer herauslösen lassen), 3 Knoblauchzehen,
300 ml Fleischbrühe, 3 EL Madeira, 1 EL eiskalte Butter
Für die Senfrauken-Beignets: 1 Sträußchen Senfrauke, 200 g Mehl,
1 EL Stärkemehl, 2 Eigelb, 1 EL zerlassene Butter, 200 ml helles Bier, Salz,
frisch gemahlener weißer Pfeffer, Traubenkernöl zum Frittieren
Außerdem: einige frisch gepflückte, gereinigte Blüten zum Garnieren

Für die Lammkeule die Nieren waschen und in eine Schüssel legen. Mit der Milch übergießen. Zugedeckt 1 Stunde stehen lassen. Herausnehmen, trockentupfen und klein schneiden. In einem Topf 30 g Butterschmalz erhitzen, die Nieren hineingeben und anbraten. Die Champignons und die Gewürze zufügen und 10 Minuten garen. Die Lammkeule innen und außen waschen und trockentupfen. Die Knoblauchzehen auspressen, die Lammkeule mit dem Saft einreiben, salzen und mit der Nierenmasse füllen. Mit Küchengarn zusammenhalten. In einem Topf das restliche

Butterschmalz erhitzen, das Fleisch hineingeben und ringsum anbraten. Fleischbrühe angießen und 1 Stunde garen.

Für die Senfrauken-Beignets die Blüten reinigen. Mehl, Stärkemehl, Eigelb, Butter und Bier glatt rühren. Mit Salz und Pfeffer würzen. In einem Topf das Öl erhitzen. Die Blüten in den Teig tauchen und im Öl goldbraun backen. Warm stellen. Die Lammkeule herausnehmen, das Küchengarn entfernen, auf einer großen Platte anrichten. Warm stellen. Den Bratenfond durch ein Sieb geben, zuerst den Madeira, danach die eiskalte Butter einrühren. Die Sauce über das Fleisch geben. Ringsum die Senfrauken-Beignets anordnen. Einige frische Senfraukenblüten darüber streuen.

☞ Wer keinen Garten hat, kann Senfraukenblüten auch in einem Topf auf dem Balkon treiben lassen. Wer früh genug damit beginnt, hat zum Osterfest die nötige Blütenpracht, die man für dieses Gericht braucht. Die wunderschönen Blüten schmecken auch pur, gleich von der Hand in den Mund.

Pastete mit Thymianblüten

Für den Teig: 400 g Blätterteig (tiefgekühlt)
Für die Füllung: 500 g Schweinefleisch ohne Knochen, 125 g Räucherspeck,
500 g Kalbsbratwurstfüllung (vom Fleischer), Salz, frisch gemahlener
schwarzer Pfeffer, 6 Wacholderbeeren, 2 EL frisch gepflückte,
gereinigte Thymianblüten, 3 EL Cognac, 20 g Pistazien, 2 Eigelb
Außerdem: Butter für das Backblech, Johannisbeergelee,
1–2 Hand voll frisch gepflückter, gereinigter Thymianblüten

Für den Teig den Blätterteig nach Vorschrift auftauen und zu einem 2 mm dicken Rechteck ausrollen.

Für die Füllung das Fleisch und den Speck durch den Fleischwolf drehen und in eine Schüssel füllen. Bratwurstfüllung, Salz, Pfeffer, zerdrückte Wacholderbeeren, Thymianblüten, Cognac und Pistazien zugeben und einen geschmeidigen Teig bereiten. Die Fleischmasse auf einer Teighälfte verteilen, die andere Teighälfte darüber schlagen und mit verquirltem Eigelb bestreichen. Mehrmals mit einer Gabel einstechen, damit der beim Backen entstehende Dampf entweichen kann. Die Ränder fest zusammendrücken. Nach Belieben die Teigrolle mit Teigresten verzieren. Die Rolle 1 Stunde in den Kühlschrank stellen und anschließend im vorgeheizten Backofen bei 200 Grad etwa 35 Minuten backen. Herausnehmen, in Scheiben schneiden und auf jede Scheibe etwas Johannisbeergelee und einige Thymianblüten geben.

Heilbutt mit Kapuzinerkresseblüten

4 Scheiben Heilbutt (800 g), 2 Knoblauchzehen, Salz, Pfeffer,
2 EL fein gewiegte Petersilie, 100 g Semmelbrösel, 50 g Butter,
½ l frisch gepresster Orangensaft, 2 Orangen,
6–8 frisch gepflückte, gereinigte Kapuinerkresseblüten

Die Heilbuttscheiben unter kaltem Wasser waschen, anschließend trockentupfen. Die Knoblauchzehen pellen und mit etwas Salz zerdrücken.Die Heilbuttscheiben damit einreiben, mit Salz, Pfeffer und Petersilie bestreuen und in Semmelbröseln wälzen. Eine Auflaufform ausbuttern, die Heilbuttscheiben hineingeben und den Orangensaft angießen. Die restliche Butter in Flöckchen obenauf geben. Im vorgeheizten Backofen bei 180 Grad 20 Minuten garen. Die Orangen schälen, die weiße Haut entfernen, die Filets herauslösen. Die Fischscheiben auf einer Platte anordnen, die Filets ringsum anlegen. Den Fischfond angießen. Mit Kapuzinerkresseblüten dekorieren.

Dorschröllchen mit Borretschblüten

1 kg Dorschfilet, 1 Zitrone, 1 Schalotte, 200 g Pfifferlinge,
30 g Butterschmalz, 100 g Semmelbrösel, 3 Eier, Butter für die Auflaufform,
¼ l saure Sahne, Salz, frisch gemahlener weißer Pfeffer,
1 Hand voll frisch gepflückter, gereinigter Borretschblüten

Das Dorschfilet waschen, trockentupfen und in 4 Stücke schneiden. Mit Zitronensaft beträufeln. Die Schalotte pellen und fein schneiden. Die Pfifferlinge waschen, trockentupfen und zerkleinern. In einem Topf das Butterschmalz erhitzen, Schalotte und Pfifferlinge darin andünsten, Semmelbrösel und 1 Ei unterrühren. Die Dorschfilets damit bestreichen, aufrollen und mit Holzspießchen oder Küchengarn zusammenhalten. Eine Auflaufform aus-buttern. Die Röllchen hineinsetzen. Die rest-lichen Eier mit der sauren Sahne vermischen, mit Salz und Pfeffer abschmecken und über die Röllchen geben. Im vorgeheizten Backofen bei 180 Grad 30 Minuten garen. Herausnehmen und mit Borretschblüten garniert servieren.

Sie war ein Blümlein hübsch und fein,
Hell aufgeblüht im Sonnenschein.
Er war ein junger Schmetterling,
Der selig an der Blume hing.
Oft kam ein Bienlein mit Gebrumm
Und nascht und säuselt da herum.
Oft kroch ein Käfer kribbelkrab
Am hübschen Blümlein auf und ab.
Ach Gott, wie das dem Schmetterling
So schmerzlich durch die Seele ging.
Doch was am meisten ihn entsetzt,
Das Allerschlimmste kam zuletzt.
Ein alter Esel fraß die ganze
Von ihm so heiß geliebte Pflanze.

Wilhelm Busch

Zitronenfisch mit Kornblumen und Mohnblumen

1 kg Fischfilet (Kalbeljau oder Schellfisch), 1 Zitrone, Salz,
frisch gemahlener weißer Pfeffer, 2 Zwiebeln, 1 kleines Stück Ingwer,
80 g Butterschmalz, ¼ l Wasser, 1 TL abgeriebene, unbehandelte Zitronenschale,
4 Eier, 1 Msp. Safran, 2 EL fein gewiegte Petersilie, 1 EL Mehl,
einige frisch gepflückte, gereinigte Korn- und Mohnblumen

Den Fisch unter kaltem Wasser abspülen, trockentupfen und mit
Zitronensaft beträufeln. 10 Minuten ziehen lassen. Mit Salz und Pfeffer
einreiben. Die Zwiebeln schälen und fein schneiden. Den Ingwer schälen
und reiben. In einem Topf das Butterschmalz erhitzen, die Zwiebeln hineingeben und anbraten. Die Fischfilets zugeben und 5 Minuten ringsum
anbraten. Wasser, Ingwer und Zitronenschale zugeben, erhitzen und
10 Minuten köcheln. Die Eier verquirlen. Safran (oder einige Safranfäden),
Petersilie und Mehl untermischen und über die Fischfilets gießen.
Erhitzen, aber nicht kochen lassen, dabei vorsichtig rühren. Auf eine
Platte oder in eine flache Schüssel geben und mit Korn- und Mohnblumen
dekorieren.

Gefüllte Zucchiniblüten mit Schaumsauce

Für die Sauce: 1 Schalotte, 5 Pfefferkörner, 1 EL Weißweinessig,
5 EL Wasser, 4 Eigelb, 250 g Butter, etwas Zitronensaft, Salz,
Cayennepfeffer, 1 EL Tomatenmark, 2 EL geschlagene Sahne
Für die Zucchiniblüten: 250 g Karotten, Salz, 2 EL Butter, 1 TL Zucker,
einige Thymian- und Sellerieblüten, 500 g gegarte Hähnchenbrust,
12 Zucchiniblüten, 200 g Mehl, 2 Eigelb, 200 ml Milch,
Öl zum Frittieren, 50 g Pinienkerne

Für die Sauce die Schalotte pellen und fein schneiden. Mit Pfefferkörnern, Essig und Wasser in einen Topf geben, erhitzen und 4 Minuten kochen lassen. Durch ein feines Sieb gießen, Eigelb zufügen und im Wasserbad so lange aufschlagen, bis die Masse cremig wird. Die Sauce aus dem Wasserbad nehmen. Zerlassene, warme Butter tropfenweise unterrühren. Einige Tropfen Zitronensaft zufügen. Mit Salz, Pfeffer und Tomatenmark abschmecken. Warm stellen. Vor dem Servieren die geschlagene Sahne einrühren.

Für die Zucchiniblüten die Karotten putzen und in Scheiben schneiden. In etwas Salzwasser 10 Minuten garen. Das überschüssige Wasser abgießen.

Butter und Zucker zu den Karotten geben und 5 Minuten köcheln, dabei ab und zu umrühren. Thymian- und Sellerieblüten darüber geben. Das Fleisch klein schneiden und untermischen. Die Zucchiniblüten ausschütteln, den Stempelansatz entfernen und die Zucchiniblüten mit der Karottenmasse füllen. Mehl, Eigelb, Milch und Salz verquirlen. Das Öl erhitzen. Die Zucchiniblüten in den Teig tauchen und im Öl goldgelb frittieren. Die Pinienkerne ohne Fett rösten und darüber streuen. Mit der Schaumsauce zu Tisch bringen.

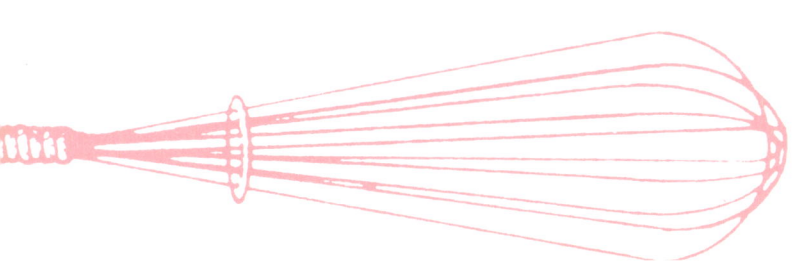

Nudeln mit Rahmsauce und Lauchblüten

250 g grüne Nudeln, Salz, 1 EL Öl, 1 Salbeiblatt, 125 g Schlagsahne,
50 g geriebener Parmesan, Salz, frisch gemahlener weißer Pfeffer,
einige frisch gepflückte, gereinigte Lauchblüten

Die Nudeln in reichlich Salzwasser mit Öl etwa 15 Minuten kochen, in ein Sieb geben und mit kaltem Wasser abschrecken. Das Salbeiblatt fein schneiden, mit der Sahne in einen Topf geben, zum Kochen bringen und etwas einkochen, bis die Masse dicklich ist. Den Parmesan einrühren. Mit Salz und Pfeffer würzen. Die Nudeln mit der Sauce vermischen. Auf Teller füllen. Mit Lauchblüten garnieren.

☞ Lauchblütenknospen schmecken am besten, wenn sie noch jung sind. Sie sind auch eine gute Ergänzung zum Reis. Wer Wert auf individuelle und geschmackvolle Tischdekoration legt, kann mit den dicken kugeligen Blütendolden Eindruck machen!

Frittierte Steinpilze mit Salbeiblüten

2 EL Mehl, 1 EL Grieß, ⅛ l Milch, 2 Eier, Salz, ½ TL Zucker,
500 g Steinpilze, 40 g Butter, frisch gemahlener weißer Pfeffer, Salz,
Öl zum Frittieren, 20 Salbeiblätter,
1 Hand voll frisch gepflückter, gereinigter Salbeiblüten

Mehl und Grieß in der Milch verquirlen. Die Eier unterrühren, mit Salz und Zucker würzen. 15 Minuten quellen lassen. Die Steinpilze mit einem Tuch abreiben, große Pilze in Viertel schneiden, kleine Pilze im ganzen verwenden. In einer Pfanne die Butter erhitzen, die Pilze hineingeben, 2 Minuten braten und mit Salz und Pfeffer abschmecken. In einem Topf das Öl erhitzen. Die Salbeiblätter ganz kurz hineingeben und anschließend auf Küchenkrepp zum Abtropfen legen. Die Steinpilze in den Teig tauchen und goldgelb ausbacken. Herausnehmen, auf Küchenkrepp abtropfen lassen und auf eine Platte legen. Mit Salbeiblättern und Salbeiblüten bestreuen.

Reiskroketten mit Lavendelblüten

*125 g Langkornreis, 1 TL Salz, ¼ l Wasser, 250 g gegartes Hähnchenfleisch,
50 g durchwachsener Speck, 100 g geräucherte Entenbrust, 2 Eier, Salz, frisch
gemahlener schwarzer Pfeffer, 100 g Semmelbrösel, Butterschmalz zum Ausbacken,
einige frische Salatblätter, Tomatenachtel, Petersiliensträußchen, Lavendelblüten*

Den gewaschenen Reis, das Salz und das Wasser in einem Topf zum
Kochen bringen und 20 Minuten köcheln. Den garen Reis in eine Schüssel
füllen. Das Hähnchenfleisch und den Speck in kleine Würfel schneiden.
Die geräucherte Entenbrust häuten und ebenfalls in kleine Würfel schneiden.
Hähnchenfleisch, Speck und Entenbrust mit Eiern, Salz und Pfeffer
zum Reis geben. Alles gut vermischen. Aus dem Teig Röllchen formen und
in Semmelbröseln wenden. In einer Pfanne reichlich Butterschmalz erhitzen,
die Röllchen darin ringsum knusprig braten. Auf einer mit knackigen
Salatblättern belegten Platte anrichten. Tomatenachtel und Petersiliensträußchen
anlegen. Einige Lavendelblüten aufstreuen.

☞ Lavendelblüten haben ein sehr intensives Aroma. Deshalb sollte man
sparsam mit ihnen umgehen.

Gefüllte Zwiebeln mit Lauchblüten

4 Gemüsezwiebeln (800 g), 200 g Schweinefleisch ohne Knochen,
50 g Leber, 125 g durchwachsener Speck, 2 Knoblauchzehen, Salz,
frisch gemahlener schwarzer Pfeffer, 1 Ei, 2 EL Semmelbrösel, 4 dünne Scheiben
Räucherspeck, 30 g Butterschmalz, 100 ml trockener Weißwein, 50 ml Fleischbrühe,
frische Salatblätter, 1 Hand voll frisch gepflückter, gereinigter Lauchblüten

Die Zwiebeln schälen und 10 Minuten in Salzwasser garen. Herausnehmen, etwas auskühlen lassen, einen Deckel abschneiden und die Zwiebeln aushöhlen. Das Ausgehöhlte fein zerkleinern und in eine Schüssel geben. Das Fleisch und die Leber mit dem Speck durch den Fleischwolf drehen und ebenfalls in die Schüssel füllen. Die Knoblauchzehen schälen und fein hacken. Zusammen mit Salz, Pfeffer, Ei und Semmelbröseln zum Fleisch geben. Alles gut vermischen. Mit dieser Masse die Zwiebeln füllen, den Deckel aufsetzen und jeweils eine Speckscheibe darüber legen. Eine feuerfeste Form mit Butterschmalz einfetten, die Zwiebeln hineinsetzen und im vorgeheizten Backofen bei 200 Grad etwa 10 Minuten garen, Weißwein und Fleischbrühe angießen und noch 10 Minuten garen. Herausnehmen, auf einer Platte mit Salatblättern anrichten und mit Lauchblüten dekorieren.

Gefüllte Paprikafrüchte mit Kapuzinerkresse

Je 2 rote, gelbe, grüne große Paprikafrüchte, 2 EL Olivenöl, 125 g durchwachsener Speck, 200 g gegartes Hähnchenfleisch, 100 g schwarze, entkernte Oliven, 2 Knoblauchzehen, 1 EL gehackter Oregano, Salz, frisch gemahlener schwarzer Pfeffer, 3 Tomaten, 2 EL Crème fraîche, einige frisch gepflückte Kapuzinerkresseblüten

Die Paprikafrüchte waschen, halbieren und putzen. Ein Backblech mit Öl einfetten. Die Paprikafrüchte mit der Öffnung nach unten darauf legen und im vorgeheizten Backofen bei 200 Grad etwa 15 Minuten backen. Dabei darauf achten, dass die Oberfläche nicht zu dunkel wird. Die Paprikafrüchte herausnehmen, etwas auskühlen lassen, dann die Haut abziehen. Den Speck in kleine Würfel schneiden und in einer Pfanne kross ausbraten. Vom Herd nehmen. Das Fleisch in kleine Würfel schneiden, die Oliven in dünne Scheiben schneiden. Die Knoblauchzehen schälen und fein hacken. Fleisch, Oliven, Knoblauch, Oregano, Salz und Pfeffer mit den Speckwürfeln und dem Speckfett vermischen und die Paprikahälften damit füllen. Die Tomaten waschen und in Scheiben schneiden. Jeweils 1 Tomatenscheibe auf die gefüllten Paprikahälften geben und einen Klecks Crème fraîche darauf setzen. Mit Kapuzinerkresseblüten dekorieren.

Ein scharfes Essen
stillt dreifachen Hunger.

(Chinesisches Sprichwort)

Sahneeier mit Salbeiblüten

*20 g Butter, 100 g gekochter Schinken, 1 Hand voll frisch gepflückter,
gereinigter Salbeiblüten, 8 Eier, Salz, frisch gemahlener weißer Pfeffer,
150 ml Schlagsahne, 1 Bund Schnittlauch*

4 kleine feuerfeste Förmchen ausbuttern, den Schinken in kleine Würfel schneiden und in den Förmchen verteilen. Jeweils 4 Salbeiblüten auflegen. Die Eier mit Salz, Pfeffer und der Schlagsahne verquirlen und über die Schinkenwürfel geben. Die Förmchen auf ein Backblech stellen und im vorgeheizten Backofen bei 200 Grad etwa 15 Minuten garen. Den Schnittlauch waschen, abtropfen lassen, in kleine Röllchen schneiden. Die Sahneeier herausnehmen. Mit Schnittlauch und Salbeiblüten garnieren und sofort zu Tisch bringen.

Rührei mit Löwenzahnblüten

100 frisch gepflückte Löwenzahnblüten, 250 g durchwachsener Speck, 8 Eier,
3 EL Schlagsahne, 3 EL Milch, Salz, frisch gemahlener weißer Pfeffer,
50 g Butter, 50 Löwenzahnblüten zum Dekorieren

Die Löwenzahnblüten waschen und trockentupfen. Den Speck in kleine
Würfel schneiden, in einer Pfanne kross ausbraten. Warm stellen. Die Eier
mit Sahne, Milch, Salz und Pfeffer verquirlen. In einer Pfanne die Butter
erhitzen, die Löwenzahnblüten hineingeben und 3–4 Minuten schmoren.
Die Eimasse darüber gießen und unter Rühren langsam stocken lassen.
Auf einer Platte anrichten, die Speckwürfel darüber geben. Mit
Löwenzahnblüten umlegen.

Desserts

Auch das süße Hinterher ist für den Flirt mit dem Gaumen bestens geeignet. Farbenfrohe Terrinen, Grützen, Gelees und Mousse werden zu einem unvergesslichen kulinarischen Erlebnis, wenn sie mit kandierten Blüten herausgeputzt werden. Als Farbtupfer eignen sich verzuckerte Malven-, Dahlien-, Veilchen- und Holunderblüten, ebenso die lieblichen Gänseblümchen oder die märchenhafte Schönheit der Magnolien. Selbstverständlich ist auch die Königin der Blumen, die Rose, mit von der Partie. Sie versinkt in Gelee und parfümiert es zugleich. Und: Einen profanen Vanillepudding macht sie mit ihrem unübertrefflichen Aroma zur sanftesten Verführung.

Rote Grütze mit verzuckerten Malvenblüten

Für die Rote Grütze: 100 g Johannisbeeren, 100 g Sauerkirschen,
100 g Himbeeren, 1/8 l Wasser, 100 g Zucker, 1 EL Zitronensaft,
50 g Stärkemehl, 3 EL Rosenwasser (Rezept S. 91)
Für die Dekoration: 1 Hand voll Himbeeren, Eiweiß, 2 EL Zucker,
verzuckerte Malvenblüten, einige kleine Minzeblätter

Für die Rote Grütze die gewaschenen Johannisbeeren mit einer Gabel von
den Stielen abstreifen. Die Kirschen waschen, den Stein entfernen. Die
Himbeeren kurz waschen, mit Wasser verrühren und durch ein Sieb streichen. Zucker, Zitronensaft und Stärkemehl unter das Himbeerpüree
rühren. Erhitzen und 2–3 Minuten kochen lassen. Johannisbeeren und
Kirschen unterrühren und kurz aufkochen lassen. Vom Herd nehmen,
etwas auskühlen lassen. Das Rosenwasser zufügen. In Portionsschüsseln
verteilen und kalt stellen.
Für die Dekoration die Himbeeren säubern, in ungeschlagenes Eiweiß tauchen, ringsum mit Zucker bestreuen und auf Backpapier trocknen lassen.
Malvenblüten wie Gänseblümchen S. 65 verzuckern. Vor dem Servieren
Malvenblüten und Minzeblätter auflegen.

Erdbeerdessert mit verzuckerten Gänseblümchen

Für die Blütendekoration: 1 Hand voll frisch gepflückter Gänseblümchen,
1 Eiweiß, 2 EL Zucker
Für das Erdbeerdessert: 750 g Erdbeeren, 125 g Zucker,
1 TL abgeriebene, unbehandelte Zitronenschale, $^1/_8$ l Weißwein,
1 EL Stärkemehl, $^1/_8$ l Schlagsahne, 1 EL gemahlene Pinienkerne

Für die Blütendekoration von den frisch gepflückten Gänseblümchen die Stiele entfernen. Die Blüten säubern. Das Eiweiß leicht aufschlagen, die Blüten damit bestreichen und mit Zucker bestreuen. Die Blüten auf ein mit Pergamentpapier ausgelegtes Backblech setzen. Im vorgeheizten Backofen bei 50 Grad trocknen lassen. Die Ofentür spaltbreit offen lassen. Für das Dessert die Erdbeeren waschen, putzen und halbieren. In einen Topf geben. Zucker und Zitronenschale untermischen und den Wein angießen. Zum Kochen bringen. Das Stärkemehl in wenig kaltem Wasser anrühren, zugeben und unter Rühren aufkochen lassen. In eine Schüssel füllen und erkalten lassen. Die Sahne steif schlagen, Sahnekleckse in die Mitte geben und mit gemahlenen Pinienkernen bestreuen. Den Rand mit verzuckerten Gänseblümchen (schmecken wie Marzipan) verzieren.

Rosen in Gelee

Für das Gelee: ⅜ l Wasser, 375 g Zucker, 20 frische, duftende Rosenblütenblätter,
6 EL Malvenblütentee, 6 EL Rosenwasser (Rezept S. 91),
3 Blatt rote Gelatine, 6 EL Kirschwasser, Saft von 1 Zitrone
Für die Dekoration: Rosenblütenblätter von 4 stark duftenden Rosen,
100 g Zucker, 2 Eiweiß, Schlagsahne

Für das Gelee aus Wasser und Zucker einen Sirup kochen. Die Rosenblütenblätter waschen, vom bitteren Stielansatz befreien und in eine
Schüssel legen. Den heißen Zuckersirup darüber gießen. Malvenblütentee
als Färbemittel zufügen. Zugedeckt kalt stellen. Alles durch ein feines Sieb
gießen. Das Rosenwasser leicht erwärmen, die ausgedrückte Gelatine
darin auflösen und mit dem Kirschwasser und dem Zitronensaft einrühren. Das Gelee in eine Form oder Schale füllen und kalt stellen.
Für die Dekoration die Rosenblütenblätter säubern und vom bitteren
Stielansatz befreien. Die Hälfte des Zuckers auf Pergamentpapier geben.
Das Eiweiß etwas aufschlagen, die Blütenblätter hineintauchen oder mit
der Masse bepinseln, auf das Pergamentpapier legen und mit dem restlichen Zucker bestreuen. Im vorgeheizten Backofen bei 50 Grad trocknen

lassen. Anstelle der einzelnen Rosenblütenblätter können auch ganze, gereinigte kleine Röschen verwendet werden. Das Gelee stürzen. Mit Schlagsahnetupfen und verzuckerten Rosenblütenblättern garnieren.

☞ Kandierte Rosenblütenblätter lassen sich gut in verschlossenen Dosen oder Gläsern aufbewahren, wenn man sie lagenweise auf Papier schichtet.

Terrine mit Waldbeeren und kandierten Holunderblüten

Für die Verzierung: 6 gerade aufgeblühte Holunderdolden
mit 3 cm langem Stängel, 5 Eiweiß, 600 g Zucker
Für die Terrine: 6 Blatt rote Gelatine, ½ l Orangensaft, 2 EL Zucker,
500 g Waldbeeren (Brombeeren, Himbeeren, Walderdbeeren, Heidelbeeren)

4 Tage vor der Zubereitung der Waldbeerenterrine die Dolden unter fließendem Wasser waschen, die Stiele ins Wasser stellen und die Blüten trocknen lassen. Eiweiß und 6 Esslöffel Wasser mit einer Gabel so verrühren, dass kein Schaum entsteht. Eventuelle Bläschen abnehmen. Die Holunderdolden ganz oder zerteilt in die Eiweißmasse tauchen, dabei vorsichtig hin- und herbewegen. Herausnehmen, die Feuchtigkeit abschwenken. Zuerst das Blüteninnere mit Zucker bestreuen, dann das Äußere. Den Stiel auf eine hakenförmig auseinander gezogene Büroklammer spießen und aufhängen. 4 Tage trocknen lassen.

Für die Terrine die Gelatine in kaltem Wasser einweichen. Den Orangensaft leicht erwärmen, den Zucker zufügen und darin auflösen. Die Gelatine ausdrücken, in den erwärmten Orangensaft geben und ebenfalls darin auflösen. Eine Terrinenform für 1 Liter Inhalt mit Klarsichtfolie auslegen, die Hälfte des Saftes hineingeben und etwa 2 Stunden kalt stellen, bis die Masse fest geworden ist. Die Beeren waschen, putzen und auf der fest gewordenen Masse verteilen. Den restlichen Saft darüber gießen. Mit Folie bedecken und erstarren lassen. Die Terrine in Scheiben schneiden. Jede Scheibe mit einer kandierten Holunderdolde servieren.

Früchtesorbet mit Trompetenblüten

500 g Erdbeeren oder Heidelbeeren, 150 g Zucker, Saft von 1 Zitrone,
3 EL Rosenwasser (Rezept S. 91), 20 rote, gelbe und orangefarbene
frisch gepflückte und gereinigte Trompetenblüten

Die Beeren entstielen, waschen, in eine Schüssel geben und mit Zucker, Zitronensaft und Rosenwasser verrühren. Durch ein feines Sieb streichen und 2 Stunden im Tiefkühlschrank gefrieren. Alle 10 Minuten mit einer Gabel durchrühren, damit sich keine Eiskristalle bilden. Herausnehmen. Einen großen Glasteller bereitstellen. Einen Esslöffel in heißes Wasser tauchen, von dem Sorbet Nocken abstechen und auf dem Glasteller anrichten. Ringsum mit Trompetenblüten dekorieren.

Veilchen-Creme mit kandierten Veilchen

Für die Creme: 3 Blatt weiße Gelatine, 4 Hand voll frisch gepflückter,
gereinigter Veilchenblüten, 300 g Zucker, ½ l Wasser,
3 EL Nordhäuser Doppelkorn, 1 l Schlagsahne, Mandelaroma
Für den Blütenschmuck: 1 Hand voll Veilchenblüten, 150 g Zucker

Für die Creme die Gelatine in wenig kaltem Wasser einweichen. Die
Veilchenblüten entblättern. Die Blättchen in eine Schüssel legen. Den
Zucker mit Wasser zu Sirup kochen und die Blättchen damit übergießen.
Die Masse zugedeckt über Nacht stehen lassen. Am nächsten Tag durch
ein feines Sieb geben und die Flüssigkeit auffangen.

Für den Blütenschmuck die Veilchenblüten in kochendem Wasser kurz
überbrühen und abtropfen lassen. Den Zucker mit etwas Wasser aufkochen, bis er Blasen wirft. Die Veilchenblüten hineingeben und kurz
mitkochen. Die Mischung auskühlen lassen. Sobald der Zucker trocken
geworden ist, jede Blüte einzeln herausnehmen, auf Pergamentpapier
legen und erstarren lassen.

Für die Creme die Gelatine ausdrücken, in leicht erwärmtem Korn auflösen und zum Veilchensirup geben. Die Schlagsahne steif schlagen und

unter die Creme heben. Eine Schüssel mit Mandelaroma auspinseln, die Creme einfüllen und 2 Stunden in den Kühlschrank stellen. Kurz vor dem Servieren stürzen und mit kandierten Veilchen garnieren.

Ein Veilchen auf der Wiese stand,
Gebückt in sich und unbekannt:
Es war ein herzigs Veilchen.
Da kam eine junge Schäferin
Mit leichtem Schritt und munterm Sinn,
Daher, daher,
Die Wiese her und sang.

Ach! Denkt das Veilchen, wär' ich nur
Die schönste Blume der Natur,
Ach, nur ein kleines Weilchen,
Bis mich das Liebchen abgepflückt
Und an den Busen matt gedrückt!
Ach nur, ach nur
Ein Viertelstündchen lang!

Johann Wolfgang von Goethe

Veilcheneis

Für den Veilchensaft: 50 g frisch gepflückte, gereinigte Veilchen,
½ l Wasser, 250 g Zucker, 5 EL Zitronensaft
Für das Eis: 12 Eigelb, 250 g Zucker, 1 ½ l Schlagsahne, ¼ l Veilchensaft
Für den Blütenschmuck: kandierte Veilchen (Rezept S. 70)

Die Veilchen in eine Schüssel geben und mit siedend heißem Wasser übergießen. Die Schüssel zugedeckt über Nacht stehen lassen. Durch ein Sieb gießen. Den Saft mit Zucker und Zitronensaft erhitzen, aber nicht kochen. Abschäumen. Vom Herd nehmen. Wenn der Saft nicht sofort verbraucht wird, in eine Flasche füllen und verschließen.

Für das Eis Eigelb und Zucker in eine Schüssel geben und verrühren. Schlagsahne und Veilchensaft zufügen und im heißen Wasserbad so lange schlagen, bis eine cremige Masse entsteht. 2 Stunden in den Gefrierschrank stellen. Herausnehmen. Einen Esslöffel in heißes Wasser tauchen, von dem Veilcheneis Nocken abstechen und auf Desserttellern verteilen. Kandierte Veilchen darüber streuen.

Weingelee mit verzuckertem Mohn

Für die Blüten: 20 frisch gepflückte Mohnblüten, 2 Eiweiß, 150 g Zucker
Für das Gelee: 12 Blatt weiße Gelatine, 2 Gläschen Maraschinolikör,
125 g Puderzucker, 0,7 l Weißwein, Saft von 1 Zitrone, 200 g Erdbeeren,
2 EL Zucker, ¼ l Schlagsahne, 1 Päckchen Vanillinzucker

Die Mohnblüten waschen und abtropfen lassen. Das Eiweiß aufschlagen. Die Blüten hineintauchen, das überflüssige Eiweiß abschütteln und die Blüten ringsum mit Zucker bestreuen. Ein Backblech mit Pergamentpapier auslegen, die Blüten auflegen und im vorgeheizten Backofen bei 50 Grad trocknen lassen. Die Ofentür spaltbreit offen lassen.

Für das Gelee die Gelatine in kaltem Wasser einweichen, ausdrücken und in leicht erwärmtem Maraschinolikör auflösen. Puderzucker und Weißwein in eine Schüssel geben und verrühren, die aufgelöste Gelatine und den Zitronensaft einrühren. Kalt stellen. Die Erdbeeren waschen, putzen und mit dem Zucker pürieren. Die Schlagsahne mit Vanillinzucker steif schlagen. Die Erdbeermasse auf das Gelee geben. Die Schlagsahne in einen Spritzbeutel füllen und die Erdbeermasse bespritzen. Obenauf verzuckerte Mohnblüten setzen.

Orangengelee mit verzuckerten Magnolien

Für den Blütenschmuck: 12 frisch gepflückte Magnolien, 2 Eiweiß, 125 g Zucker
Für das Orangengelee: 20 Blatt weiße Gelatine, 500 g grüne Weintrauben,
250 g blaue Weintrauben, 4 Orangen, 1 l frisch gepresster Orangensaft,
150 g Zucker, Saft von 1 Zitrone, 100 ml weißer Portwein
Für die Dekoration: 1 Hand voll grüner Weintrauben, 1 Eiweiß, 2 EL Zucker

Für den Blütenschmuck die Blüten waschen und trockentupfen. In einem tiefen Teller das Eiweiß etwas aufschlagen, die Blüten hineintauchen, das überflüssige Eiweiß abschütteln und die Blüten ringsum mit Zucker bestreuen. Ein Backblech mit Pergamentpapier auslegen, die Blüten darauf geben und im vorgeheizten Backofen bei 50 Grad trocknen lassen. Die Ofentür spaltbreit offen lassen.

Für das Orangengelee die Gelatine in kaltem Wasser einweichen. Die Weintrauben waschen, halbieren und entkernen. Die Orangen schälen und filetieren. ¼ Liter Orangensaft erwärmen, den Zucker und die ausgedrückte Gelatine darin auflösen, den restlichen Saft zugießen. Zitronensaft und Portwein einrühren. Die Früchte in eine Form schichten, das Orangengelee darüber gießen und kalt stellen.

Für die Dekoration die Weintrauben säubern, in ungeschlagenes Eiweiß tauchen, in Zucker wälzen und auf Backpapier trocknen lassen. Sobald das Gelee erstarrt ist, die Form kurz in heißes Wasser tauchen und stürzen. Mit verzuckerten Weintrauben und Magnolienblüten dekorieren.

Karamellpudding mit verzuckerten Dahlienblüten

Für die verzuckerten Blüten: 8 frisch gepflückte Dahlienblüten, 2 Eiweiß, 150 g Zucker
Für den Pudding: 4 Eigelb, 130 g Zucker, 1 EL Stärkemehl, $^1/_4$ l Milch,
$^1/_2$ TL Zitronensaft, 1 EL Wasser, $^1/_2$ l Schlagsahne, 1 Prise Salz

Für die verzuckerten Blüten die Dahlienblüten waschen und abtropfen
lassen. In einem tiefen Teller das Eiweiß leicht aufschlagen, die Blüten hineintauchen, überflüssiges Eiweiß abschütteln und die Blüten ringsum mit
Zucker bestreuen. Ein Backblech mit Pergamentpapier auslegen, die Blüten auflegen und im vorgeheizten Backofen bei 50 Grad trocknen lassen.
Die Ofentür spaltbreit offen lassen.

Für den Pudding die Eigelb mit 2 EL Zucker in einer Schüssel cremig schla-
gen. Das Stärkemehl in etwas kalter Milch glatt rühren. Den restlichen
Zucker mit Zitronensaft und Wasser karamellisieren, dabei darauf achten,
dass der Zucker nicht zu dunkel wird. Vom Herd nehmen. Die restliche
Milch und $^1/_4$ Liter Sahne erhitzen, das Salz zufügen und unter Rühren zum
Karamell geben. So lange rühren, bis sich der Karamell aufgelöst hat. Die
Milch mit dem Stärkemehl zufügen, alles erhitzen, kurz aufwallen lassen
und mit einem Esslöffel nach und nach unter die Eigelbmasse rühren.

Unter Rühren leicht erhitzen, damit sich die Masse bindet. Auskühlen lassen. Die restliche Schlagsahne steif schlagen und unter den Karamellpudding ziehen. Den Pudding auf Dessertteller verteilen und mit verzuckerten Dahlienblüten dekorieren.

Wohlbeleibt und rosenfrisch
Sitzt ein Herr an seinem Tisch,
Vor ihm prangt der schöne große
Pudding mit der roten Sauce;
Und er spricht und streicht die Weste:
„Pudding, du bist doch der Beste!"

Wilhelm Busch

Torten & Törtchen

Torten und Törtchen verlocken nicht nur mit süßem Sommerglanz, sie sind auch ein Zauber an Zartheit und immer für Überraschungen gut. Mit Fingerspitzengefühl lassen sie sich trefflich herausputzen. Denn das ist das schöne bei diesen Paradestücken: Sie sind immer noch steigerungsfähig. Besonders gut stehen ihnen die unübertrefflichen Rosen, die stets mit ihren vielfältigen Erscheinungsformen und ihrem Duft betören. Aber auch Stiefmütterchen, Kapuzinerkresse-, Veilchen-, Robinien- oder Lavendelblüten sind eine willkommene Zierde. Holunderblüten und Robinien dienen nicht nur als Tortenschmuck, sie vertragen sich mit ihrer sanften Süße auch gut mit Kuchenteig und erstrahlen alsbald als Beignets, Krapfen oder Küchlein auf der Kaffeetafel. Und macht es nicht Spaß, Petits fours, die kleinen Meisterwerke in ihren vielfältigen Formen und Füllungen mit farbenfrohen, verzuckerten Blüten noch anziehender und appetitlicher zu machen?

Mandelkranz mit kandierten Veilchen

Für den Teig: ¼ l Wasser, 50 g Butter, 1 Prise Salz, 125 g Mehl,
30 g Stärkemehl, 5 Eier, 1 TL Backpulver, Butter für die Backform
Für die Füllung: 3 Blatt weiße Gelatine, 2 Eigelb, 2 EL Zucker, 2 EL Weinbrand,
400 ml Schlagsahne, kandierte Veilchen zum Füllen und Garnieren (Rezept S. 70)
Für die Glasur: 150 g Puderzucker, 1–2 EL Zitronensaft,
3 EL geröstete Mandelblättchen

Für den Teig Wasser, Butter und Salz in einem Topf zum Kochen bringen.
Vom Herd nehmen. Mehl und Stärkemehl vermischen, in den Topf geben
und glatt rühren. Wieder erhitzen und kräftig rühren, bis sich ein Kloß
gebildet hat. Vom Herd nehmen. Nach und nach die Eier und zuletzt das
Backpulver einrühren. Ein Backblech ausbuttern. Den Teig in einen
Spritzbeutel mit Lochtülle füllen und zwei Kränze von 20 cm Durchmesser
übereinander aufspritzen. Im vorgeheizten Backofen bei 180 Grad etwa
40 Minuten backen. Herausnehmen, auskühlen lassen und den Kranz
halbieren.
Für die Füllung die Gelatine in kaltem Wasser einweichen. Eigelb, Zucker
und Weinbrand verrühren. Die Gelatine ausdrücken, 1 Esslöffel kochendes

Wasser darüber geben, die Gelatine glatt rühren und zur Eimasse geben. Die Sahne steif schlagen und unter die Ei-Creme ziehen. Eine Kranzhälfte mit der Sahne bestreichen. Einige kandierte Veilchen darüber streuen. Die andere Kranzhälfte obenauf geben. Die Sahne ringsum mit kandierten Veilchen dekorieren. Für die Glasur den Puderzucker in eine Schüssel sieben und mit Zitronensaft verrühren. Den Kranz damit überziehen und mit Mandeln bestreuen.

☞ Anstelle von kandierten Veilchen können Sie auch verzuckerte Rosenblüten oder blaue Stiefmütterchen verwenden. Sehr dekorativ sehen auch verzuckerte Levkojen oder verzuckerter Phlox aus. Zum Kandieren benötigen Sie: 2 Eiweiß, 2–3 Hand voll frisch gepflückter, gereinigter Blüten und 125 g Zucker. So wird es gemacht: Das Eiweiß in einem tiefen Teller etwas aufschlagen, die Blüten hineintauchen, das überflüssige Eiweiß abschütteln und die Blüten ringsum mit feinem Zucker bestreuen. Ein Backblech mit Pergamentpapier auslegen, die Blüten darauf setzen und im vorgeheizten Backofen bei 50 Grad trocknen lassen. Die Ofentür spaltbreit offen lassen. Die Blüten rings um den Kranz anordnen. Einladend und appetitlich wirken auch frisch gepflückte Lavendelblüten.

Knusperröllchen mit Veilchensahne

Für den Teig: 125 g Butter, 50 g Zucker, 2 EL Akazienhonig, 100 g Mehl,
1/2 TL gemahlener Ingwer, 3 EL Weinbrand
Für die Füllung: 3 Hand voll frisch gepflückter Veilchenblüten, 250 g Zucker,
3 Blatt weiße Gelatine, 3/4 l Schlagsahne,
kandierte Veilchen zum Dekorieren (Rezept S. 70)
Außerdem: Butter für den Kochlöffel

Für den Teig die Butter zerlassen, Zucker und Honig zugeben und so lange auf kleiner Flamme rühren, bis sich der Zucker aufgelöst hat. Vom Herd nehmen und auskühlen lassen. Das Mehl nach und nach einsieben und glatt rühren. Ingwer und Weinbrand zufügen. Mit Hilfe eines Teelöffels kleine Teighäufchen im Abstand von 10 cm auf ein mit Backpapier ausgelegtes Backblech setzen. Im vorgeheizten Backofen bei 200 Grad 8–10 Minuten backen. Noch warm um den Griff eines eingebutterten Kochlöffels wickeln, abstreifen und auf ein Kuchengitter setzen.

Für die Füllung die Veilchenblüten waschen und entblättern. Die Blättchen in eine Schüssel legen. Den Zucker mit etwas Wasser zu einem dicklichen Sirup kochen und die Veilchenblätter damit übergießen.

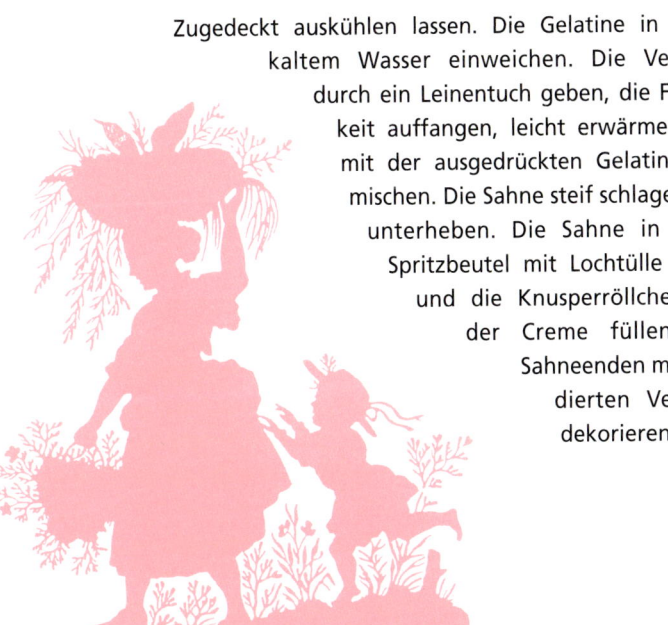

Zugedeckt auskühlen lassen. Die Gelatine in etwas kaltem Wasser einweichen. Die Veilchen durch ein Leinentuch geben, die Flüssigkeit auffangen, leicht erwärmen und mit der ausgedrückten Gelatine vermischen. Die Sahne steif schlagen und unterheben. Die Sahne in einen Spritzbeutel mit Lochtülle füllen und die Knusperröllchen mit der Creme füllen. Die Sahneenden mit kandierten Veilchen dekorieren.

Petits fours mit verzuckerten Blüten

Für den Teig: 4 Eier, 2 EL warmes Wasser, 125 g Zucker,
1 Päckchen Vanillinzucker, 1 Prise Salz, 100 g Mehl, 2 EL Stärkemehl
Für die Füllung: 1 Päckchen Vanillepuddingpulver, 2 EL Zucker,
¹/₂ l Milch, 300 g Butter, 175 g Zartbitterkuvertüre, 150 g Rosenmarmelade
(Rezept S. 112), 2 EL Rosenlikör (Rezept S. 106), 100 g Aprikosenkonfitüre
Für die Dekoration: 250 g Puderzucker, 1 Eiweiß, 2–3 EL Rosenlikör,
kandierte Blüten (Borretschblüten, Stiefmütterchen, Veilchen, Röschen, Robinien)

Für den Teig die Eier trennen. Die Eigelb in eine Schüssel geben und mit dem warmen Wasser schaumig schlagen. Nach und nach den Zucker und den Vanillinzucker unterrühren. Weiter schlagen, bis die Masse cremig ist. Eiweiß und Salz steif schlagen, Mehl und Stärkemehl darüber sieben und alles unter die Eimasse heben. Ein Backblech mit Backpapier auslegen, den Teig darauf geben und glatt streichen. Im vorgeheizten Backofen bei 200 Grad etwa 15 Minuten backen. Herausnehmen und den Biskuit sofort auf ein mit Zucker bestreutes Tuch stürzen. Das Backpapier etwas anfeuchten und abziehen. Den Biskuitboden auskühlen lassen und in Dreiecke, Rhomben oder Kreise schneiden.

Für die Füllung das Puddingpulver mit dem Zucker in etwas kalter Milch verrühren. Die restliche Milch zum Kochen bringen, das angerührte Puddingpulver einrühren, aufkochen, vom Herd nehmen und auskühlen lassen. Ab und zu umrühren, damit sich keine Haut bildet. Die Butter schaumig schlagen. Den auf Zimmertemperatur ausgekühlten Pudding esslöffelweise einrühren. Kalt stellen. Die Kuvertüre zerkleinern und im Wasserbad schmelzen. Die Rosenmarmelade mit dem Rosenlikör verrühren. Ein Viertel der Stücke mit Rosenmarmelade, ein weiteres Viertel mit Kuvertüre, ein weiteres Viertel mit Creme bestreichen. Die Stücke übereinander setzen. Die restlichen Stücke mit leicht erwärmter Aprikosenmarmelade bestreichen und mit der bestrichenen Seite nach oben aufsetzen.

Für die Dekoration den Puderzucker sieben, mit Eiweiß und Rosenlikör verrühren und die gefüllten Stücke damit überziehen. Die Petits fours nach Belieben mit kandierten Blüten dekorieren.

☞ Besonders hübsch sehen die kleinen Törtchen aus, wenn sie mit Ornamenten bemalt werden. Dafür färbt man Zuckerguss mit Fruchtsaft oder Kakao und gibt die Masse in eine Pergamenttüte.

Eclairs mit verzuckerten Begonienblüten

Für die Begonienblüten: 3 Hand voll Begonienblüten, 2 Eiweiß, 100 g Zucker
Für den Teig: ¼ l Wasser, 80 g Butter, 1 Prise Salz, 1 TL Zucker,
125 g Mehl, 1 EL Stärkemehl, 4 Eier
Für die Füllung: 1 Mango (500 g), 100 g Zucker, 200 g Quark,
2 EL Arrak, ¼ l Schlagsahne
Für die Glasur: 200 g Puderzucker, 3 EL Mangosaft, 1 TL Eiweiß

Für die verzuckerten Begonienblüten die frisch gepflückten Blüten reinigen. In einem tiefen Teller das Eiweiß etwas aufschlagen, die Blüten hineintauchen, abtropfen lassen und ringsum mit Zucker bestreuen. Ein Backblech mit Pergamentpapier belegen, die Blüten darauf geben und im vorgeheizten Backofen bei 50 Grad trocknen lassen. Die Ofentür spaltbreit geöffnet lassen.

Für den Teig in einem Topf Wasser, Butter, Salz und Zucker zum Kochen bringen. Vom Herd nehmen. Sofort Mehl und Stärkemehl hineingeben und zu einem glatten Kloß rühren. Den Kloß in eine Schüssel geben und mit einem Kochlöffel nach und nach die Eier einrühren. Ein Backblech mit Backpapier auslegen. Den Teig in einen Spritzbeutel mit großer Sterntülle füllen und 10 cm lange Streifen auf das Backpapier spritzen. Im vorgeheizten Backofen bei 200 Grad etwa 25 Minuten goldgelb backen. Herausnehmen und auskühlen lassen. Die Eclairs waagerecht halbieren.

Für die Füllung die Mango schälen, der Länge nach bis auf den Stein einschneiden und das Fruchtfleisch in Spalten abtrennen. Die Spalten klein schneiden. Zucker, Quark und Arrak schaumig rühren. Die Sahne steif schlagen und mit den Mangostücken unter die Quarkmasse heben. Die Eclairs damit füllen. Einige kandierte Begonienblüten auf die Füllung legen.

Für die Glasur den Puderzucker sieben und mit Mangosaft und Eiweiß glatt rühren. Die Liebesknochen damit überziehen. Mit verzuckerten Begonienblüten verzieren.

87

Baisers mit Erdbeersahne und kandierten Rosenblütenblättern

Für den Teig: 5 Eiweiß, 200 g Zucker, 1 TL Zitronensaft,
125 g gemahlene Mandeln, 50 g Stärkemehl, 1 Päckchen Vanillinzucker
Für die Füllung: 350 g Erdbeeren, 50 g Puderzucker, ½ l Schlagsahne,
1 Päckchen Sahnesteif, 1 EL Zucker
Außerdem: 200 g Erdbeeren, einige kandierte Rosenblütenblätter
(Rezept wie Jasmin S. 96)

Für den Teig das Eiweiß schaumig schlagen, etwas Zucker zugeben. Mit dem restlichen Zucker und dem Zitronensaft steif schlagen. Mandeln, Stärkemehl und Vanillinzucker vermischen und unter den Eischnee heben. Die Masse in einen Spritzbeutel mit Sterntülle füllen und Rosetten von 8 cm Durchmesser auf ein mit Backpapier ausgelegtes Backblech spritzen. Im vorgeheizten Backofen bei 120 Grad 60 Minuten backen und im Ofen auskühlen lassen, dann vom Papier lösen.

Für die Füllung die Erdbeeren und den Puderzucker in eine Schüssel geben und pürieren. Die Schlagsahne mit dem Sahnesteif und dem Zucker steif schlagen und mit dem Erdbeerpüree vermischen. Die Hälfte der

Baisers mit der Sahne bestreichen und jeweils einige Erdbeeren in die Sahne drücken. Darauf die kandierten Rosenblätter legen. Die restlichen Baisers obenauf setzen.

Rosentörtchen

Für die Dekoration: 12 frisch gepflückte Röschen, 2 Eiweiß,
125 g Zucker, ⅛ l Schlagsahne
Für den Teig: 250 g Blätterteig (tiefgekühlt), 8 Eiweiß, 150 g Zucker,
200 g gemahlene Mandeln, 30 g Mehl, 8 EL Rosenwasser,
1 TL Zitronensaft, etwas Mehl zum Ausrollen

Für die Dekoration die Röschen reinigen. In einem tiefen Teller das Eiweiß etwas aufschlagen, die Röschen hineintauchen, gut abtropfen lassen, mit Zucker bestreuen. Ein Backblech mit Pergamentpapier belegen, die Röschen darauf setzen und im vorgeheizten Backofen bei 50 Grad trocknen lassen. Die Ofentür spaltbreit geöffnet lassen.

Für den Teig den Blätterteig auftauen. 3 Eiweiß mit Zucker, Mandeln, Mehl und Rosenwasser verrühren. Das restliche Eiweiß mit dem Zitronensaft zu steifem Schnee schlagen und unterheben. Den Blätterteig auf bemehlter Fläche ausrollen. Tortenförmchen mit kaltem Wasser ausspülen und mit Blätterteig auslegen. Die Mandelmasse darauf geben und im vorgeheizten Backofen bei 180 Grad etwa 15 Minuten backen. Die Schlagsahne steif schlagen. Die Törtchen mit Sahnetuffs und kandierten Röschen dekorieren.

☞ Rosenwasser verleiht Gebäck ein interessantes Aroma. Einen kleinen Vorrat sollte man immer parat haben. Die Herstellung ist einfach: 125 g stark duftende Rosenblütenblätter waschen und den bitteren Stielansatz entfernen. In eine Schüssel legen. Mit ½ Liter leicht erwärmtem Wasser übergießen. Zugedeckt 2 Tage stehen lassen. Durch ein Baumwolltuch seihen. Wer die Mühe scheut, kann Rosenwasser auch in der Apotheke kaufen.

Robinienblütenkrapfen

*4 frisch gepflückte Robinienblütendolden, 4 Eier, 1 kräftige Prise Salz,
2 EL Zucker, 2 EL Mehl, 2 EL Orangenlikör,
Sonnenblumenöl zum Ausbacken, Puderzucker zum Besieben*

Die Blütendolden reinigen. Die Eier trennen. Eigelb, Salz, Zucker, Mehl und Orangenlikör verrühren. Das Eiweiß steif schlagen und unterheben. In einem Topf das Öl erhitzen. Die Robinienblütendolden in den Teig tauchen und in heißem Öl schwimmend ausbacken. Mit einem Schaumlöffel herausnehmen und mit Puderzucker besieben.

Beerentörtchen mit verzuckerten Robinien

Für die Blütendekoration: 4 Hand voll Robinien, 2 Eiweiß, 125 g Zucker
Für den Teig: 4 Eier, 2 EL Wasser, 70 g Zucker, 1 Päckchen Vanillinzucker,
1 Prise Salz, 80 g Mehl, 40 g Stärkemehl,
Für die Füllung: 5 Blatt rote Gelatine, 250 g Himbeeren, 250 g Erdbeeren,
2 EL Zucker, 3 EL Himbeergeist, ¹/₂ l Schlagsahne
Für die Dekoration: ¹/₄ l Schlagsahne, 1 TL Zucker,
1 Päckchen Vanillinzucker, Himbeeren, Erdbeeren, Heidelbeeren,
Brombeeren, geröstete Pinienkerne und verzuckerte Robinien

Für die Blütendekoration die Robinien reinigen. In einem tiefen Teller das
Eiweiß etwas aufschlagen. Die Robinien in das Eiweiß tauchen, abtropfen
lassen und ringsum mit Zucker bestreuen. Ein Backblech mit Pergamentpapier auslegen und die Blüten darauf setzen. Im vorgeheizten Backofen
bei 50 Grad trocknen lassen. Die Ofentür spaltbreit geöffnet lassen.
Für den Teig die Eier trennen. Das Eigelb mit warmem Wasser schaumig
rühren. Zucker und Vanillinzucker einschlagen. Das Eiweiß mit dem Salz
zu steifem Schnee schlagen und unter die Eigelbmasse ziehen. Mehl und
Stärkemehl vermischen, über die Eimasse sieben und dann sanft unter-

heben. Nicht rühren! Ein Backblech mit Backpapier auslegen. Jeweils 2 Esslöffel von der Teigmasse abstechen, Teighäufchen auf das Backpapier setzen und glatt streichen, sodass Teigböden von 8 cm Durchmesser entstehen. Im vorgeheizten Backofen bei 200 Grad etwa 10 Minuten backen. Auskühlen lassen und vom Papier abziehen.

Für die Füllung die Gelatine in etwas kaltem Wasser einweichen. 125 g Himbeeren und 125 g Erdbeeren in eine Schüssel geben und mit Zucker pürieren. Die Gelatine ausdrücken, in leicht erwärmtem Himbeergeist auflösen und zum Püree geben. Die Schlagsahne steif schlagen und unter das Püree heben. Die Sahne in einen Spritzbeutel mit Sterntülle füllen, die Hälfte der kleinen Teigböden damit bespritzen und mit den restlichen Beeren belegen. Die restlichen Teigböden obenauf setzen.

Für die Dekoration die Schlagsahne mit Zucker und Vanillinzucker steif schlagen und in einen Spritzbeutel mit Lochtülle füllen. Die Törtchen mit Sahnetuffs bespritzen und mit Früchten dekorieren. Obenauf die Pinienkerne und verzuckerten Robinien setzen.

Wie auf dem Felde die Weizenhalmen
So wachsen und wogen im Menschengeist
Die Gedanken.
Aber die zarten Gedanken der Liebe
Sind wie lustig dazwischenblühende
Rot' und blaue Blumen.

Heinrich Heine

Holunderblütenbrot

1 kg Mehl, 60 g Hefe, 1 TL Zucker, 400 ml Milch,
8 frisch gepflückte, aufgeblühte Holunderblütendolden,
½ TL Salz, 1 TL abgeriebene, unbehandelte Zitronenschale,
Butter für das Backblech, 1 Eigelb zum Bestreichen

Das Mehl in eine Schüssel sieben und in die Mitte eine Vertiefung drücken. Die Hefe mit dem Zucker in etwas lauwarmer Milch verrühren und in die Vertiefung gießen. Etwas Mehl darüber stäuben. Zugedeckt 30 Minuten gehen lassen. Die Holunderblütendolden abbrausen, abtropfen lassen, zerteilen und mit dem Salz und der Zitronenschale auf dem Mehlrand anordnen. Von der Mitte her die Zutaten zu einem geschmeidigen Teig verarbeiten, dabei die restliche Milch zugeben. Zugedeckt 1 Stunde gehen lassen. Ein Backblech ausbuttern. Den Teig durchkneten, zu einem Brot formen und auf das Backblech legen. Mit verquirltem Eigelb bestreichen. Im vorgeheizten Backofen bei 200 Grad etwa 60 Minuten backen. Herausnehmen und auf einem Kuchengitter auskühlen lassen.

Baiser-Torte mit Beerenobst und kandierten Jasminblüten

Für die Jasminblüten (wohlriechender Pfeifenstrauch):
3–4 Hand voll Jasminblüten, 200 g Zucker
Für den Baiserteig: 6 Eiweiß, 2 EL Zitronensaft, 300 g Puderzucker,
1 EL Stärkemehl, 80 g geröstete, geriebene Mandeln
Für den Belag: 800 g frische Himbeeren
Für den Guss: 2 Blatt weiße Gelatine, 400 g Himbeeren, 2 EL Zucker,
6 EL Johannisbeersaft, 6 EL Weißwein

Für die Tortenverzierung die Blüten in kochendem Wasser kurz blanchieren und abtropfen lassen. Den Zucker mit etwas Wasser aufkochen, bis er Blasen wirft. Die Jasminblüten sofort hineingeben und noch einen Augenblick mitkochen. Die Mischung auskühlen lassen. Sobald der Zucker trocken geworden ist, jede Blüte einzeln aus der Zuckermasse nehmen, auf Pergamentpapier legen und in der weißen Rüstung erstarren lassen. Für den Baiserteig das Eiweiß steif schlagen, dabei nach und nach Zitronensaft, Puderzucker, Stärkemehl und Mandeln zufügen. Die Masse muss schnittfest sein. Den Boden einer Springform von 26 cm Durchmesser mit Backpapier auslegen. ¾ der Baisermasse in einen Spritzbeutel mit glatter Tülle füllen und spiralförmig von der Mitte aus eine gleichmäßige Schicht auf das Papier spritzen. Die restliche Masse in einen Spritzbeutel mit Sterntülle geben und auf den Teigrand ringsum Rosetten aufspritzen. Den Baiserboden im vorgeheizten Backofen bei 90 Grad etwa 1 Stunde mehr trocknen als backen. Im Ofen auskühlen. Aus der Form nehmen und das Backpapier entfernen.

Für den Guss die Gelatine in etwas kaltem Wasser einweichen. Die Himbeeren in einen Topf füllen. Zucker, Johannisbeersaft und Weißwein zufügen, erhitzen und kurz aufwallen lassen. Vom Herd nehmen und durch ein Sieb geben. Die Gelatine ausdrücken, zur Himbeermasse geben und glatt rühren. Die Torte mit Himbeeren belegen und darauf achten, dass die geschlossene Seite der Beeren oben ist. Das Himbeergelee über die Beeren ziehen. Die Torte mit den kandierten Jasminblüten dekorieren und sofort servieren.

Fliederblütenküchlein

8 frisch gepflückte Holunderblütendolden, 4 Eier, 100 g Mehl, 4 EL Sahne,
1 EL Rum, Öl zum Ausbacken, Puderzucker zum Besieben

Die Holunderblütendolden waschen und abtropfen lassen. Die Eier trennen. Eigelb, Mehl, Sahne und Rum gut verrühren. In einem Topf das Öl erhitzen. Die Holunderblütendolden in den Teig tauchen, in das heiße Öl geben und schwimmend ausbacken. Mit einem Schaumlöffel herausnehmen und mit Puderzucker besieben.

Apfelsinentorte mit weißen Levkojen

Für den Teig: 200 g Butter, 200 g Zucker, 1 Päckchen Vanillinzucker, 4 Eier,
200 g Mehl, ½ Päckchen Backpulver, Butter für die Backform
Für die Glasur: 150 g Zucker, je ½ TL abgeriebene Schale von 1 unbehandelter
Zitrone und 1 Apfelsine, Saft von 1 Zitrone, Saft von 3 Apfelsinen,
2 Hand voll frisch gepflückter, gereinigter weißer Levkojen

Für den Teig Butter, Zucker und Vanillinzucker in einer Schüssel schaumig schlagen. Nach und nach die Eier unterrühren. Mehl und Backpulver vermischen, auf die Butter-Eier-Masse sieben und einrühren. Eine Springform ausbuttern, den Teig einfüllen und im vorgeheizten Backofen bei 200 Grad 45 Minuten backen.

Für die Glasur Zucker, Zitronen- und Apfelsinenschale, Zitronen- und Apfelsinensaft verrühren, über den Kuchen gießen und noch 10 Minuten backen. Herausnehmen und auskühlen lassen. Reichlich mit weißen Levkojen bestreuen.

Eistorte mit Himbeeren und verzuckerten blauen Stiefmütterchen (Viola odorato)

Für die Blütendekoration: 2–3 Hand voll Stiefmütterchen,
2–3 Eiweiß, 150 g Zucker
Für die Eistorte: 6 Eiweiß, 2 EL Zitronensaft, 500 g Zucker,
4 Blatt weiße Gelatine, 500 g Sahnejoghurt, 4 EL Zucker,
½ TL abgeriebene, unbehandelte Zitronenschale, Saft von 2 Zitronen,
4 EL Himbeersaft, ¾ l Schlagsahne, 2 Päckchen Vanillinzucker,
500 g Himbeeren, 125 g Brombeeren

Für die Blütendekoration die Stiefmütterchen reinigen. Das Eiweiß in einem tiefen Teller leicht aufschlagen. Die Stiefmütterchen hineintauchen, das überflüssige Eiweiß abschütteln und die Stiefmütterchen ringsum mit Zucker bestreuen. Auf ein mit Pergamentpapier ausgelegtes Backblech legen und im vorgeheizten Backofen bei 50 Grad trocknen. Die Ofentür dabei spaltbreit offen lassen.

Für die Eistorte das Eiweiß in eine Schüssel geben und mit dem Zitronensaft zu Schnee schlagen. Nach und nach 375 Gramm Zucker zugeben und kräftig weiterschlagen. Mit dem Ring einer Springform auf Alufolie zwei

Kreise markieren. Die Baisermasse in einen Spritzbeutel mit Lochtülle füllen und spiralförmig auf den beiden Kreisen verteilen. Beide Böden im vorgeheizten Backofen bei 100 Grad 1½–2 Stunden trocknen. Im Ofen auskühlen. Die Folie entfernen. Einen der Böden auf eine Tortenplatte legen und den Ring der Springform darüber setzen. Die Gelatine in etwas kaltem Wasser einweichen. Den Joghurt in eine Schüssel geben. Zucker, Zitronenschale, Zitronensaft und ausgedrückte, in erwärmtem Himbeersaft aufgelöste Gelatine zufügen und verrühren. Die Schlagsahne mit dem Vanillinzucker steif schlagen und unter die Joghurtmasse heben. Die Himbeeren kurz abbrausen und abtropfen lassen. Die Hälfte der Himbeeren unter die Sahnemasse heben. Den Baiserboden mit der Joghurt-Sahne-Masse bestreichen. Den zweiten Baiserboden darauf legen und für 4 Stunden in den Gefrierschrank stellen. ½ Stunde vor dem Servieren in den Kühlschrank stellen. Die restliche Sahne steif schlagen, die Torte damit garnieren und mit den restlichen Himbeeren und Brombeeren dekorieren. Obenauf die verzuckerten Stiefmütterchen legen.

Himbeertorte mit verzuckerten Magnolien

Für die Blütendekoration: 16 frisch gepflückte Magnolien, 4 Eiweiß,
2 TL Zitronensaft, 200 g Zucker
Für den Teig: 150 g Mehl, 1/2 TL Backpulver, 50 g Zucker,
1 Päckchen Vanillinzucker, 1 Eigelb, 50 g Butter, Butter für die Backform
Für den Belag: 2 Blatt weiße Gelatine, 3 EL Himbeergeist, 400 ml Schlagsahne,
1 EL Zitronensaft, 50 g Puderzucker, 800 g Himbeeren, 2 EL Himbeerkonfitüre,
80 g gehobelte, geröstete Mandeln

Für die Blütendekoration die Blüten waschen und abtropfen lassen. In einem tiefen Teller Eiweiß und Zitronensaft steif schlagen. Die Blüten eintauchen, das überflüssige Eiweiß abtropfen lassen. Die Blüten ringsum mit Zucker bestreuen und auf ein mit Pergamentpapier ausgelegtes Backblech setzen. Im vorgeheizten Backofen bei 50 Grad trocknen. Die Ofentür spaltbreit offen lassen.

Für den Teig Mehl und Backpulver vermischen und in eine Schüssel sieben. In die Mitte eine Vertiefung drücken. Zucker, Vanillinzucker und Eigelb in die Vertiefung geben und mit etwas Mehl zu einem Brei vermischen. Die Butter in kleinen Stücken darauf geben und von der Mitte her alles zu einem glatten Teig verkneten. 30 Minuten kalt stellen. Den Teig auf bemehlter Fläche ausrollen. Eine Tortenform ausbuttern, den Teigboden einfüllen und einen Rand hochziehen. Den Teig mehrmals mit einer Gabel einstechen. Im vorgeheizten Backofen bei 200 Grad etwa 20 Minuten backen. Auskühlen lassen.

Für den Belag die Gelatine in etwas kaltem Wasser einweichen, ausdrücken und in leicht erhitztem Himbeergeist auflösen. Die Schlagsahne steif schlagen, dabei Zitronensaft und Puderzucker zufügen. Den Tortenboden damit bestreichen. Die Himbeeren kurz abbrausen, abtropfen lassen und auf der Torte anordnen. Den Tortenrand mit der Konfitüre bestreichen und mit Mandeln verzieren. Die Torte mit den verzuckerten Magnolien dekorieren.

Quarktorte mit Robinien-Beignets

Für den Teig: 250 g Butter, 200 g Zucker, 1 Päckchen Vanillinzucker, 6 Eier,
1 TL abgeriebene, unbehandelte Zitronenschale, 4 EL Zitronensaft,
1 Päckchen Vanillepudding, 50 g Grieß, 1 Päckchen Backpulver,
1 Prise Salz, 125 g gehobelte Mandeln, 1 ½ kg Quark,
Butter für die Springform, 80 g Puderzucker
Für die Beignets: 6 duftende weiße Robinienblütentrauben,
2 Eier, 200 g Mehl, 1 EL zerlassene Butter, 150 ml Milch,
Sonnenblumenkernöl zum Frittieren

Für den Teig die Butter in einer Schüssel schaumig schlagen. Zucker und Vanillinzucker einrühren. Die Eier trennen. Nach und nach die Eigelbe unterrühren. Zitronenschale und Zitronensaft zufügen. Puddingpulver, Grieß und Backpulver vermischen und mit dem Salz und den Mandeln zur Buttermasse geben. Gut verrühren. Den Quark in ein Leintuch füllen, die Molke auspressen, zum Teig geben und alles glatt rühren. Die Eiweiß steif schlagen und vorsichtig unter den Teig heben. Eine Springform ausbuttern, den Teig hineingeben und mit einer Gabel glatt streichen. Im vorgeheizten Backofen bei 200 Grad etwa 1 Stunde backen. Herausnehmen und sofort mit der restlichen Butter bestreichen. Mit Puderzucker besieben. Kühl stellen.

Für die Beignets die Blütentrauben vorsichtig waschen und abtropfen lassen. Die Eier trennen. Eigelb, Mehl, Butter und Milch glatt rühren. Das Eiweiß steif schlagen und unterheben. In einem Frittiertopf das Öl erhitzen. Die Blütentrauben in den Teig tauchen und schwimmend in Öl aus-backen. Die ausgekühlten Beignets auf die Torte setzen.

☞ Die Quarktorte sieht sehr einladend aus, wenn sie mit frisch gepflückten Robinien- oder Kapuzinerkresseblüten dekoriert wird.

Sandtorte mit Rosenlikör

Für den Rosenlikör: 200 stark duftende, frisch gepflückte Rosenblütenblätter,
1/4 l kochendes Wasser, 200 g Zucker, 1/2 l Korn, 5 cl Weinbrand
Für den Teig: 250 g weiche Butter, 200 g Zucker, 1 Prise Salz,
1/2 TL abgeriebene, unbehandelte Zitronenschale, 2 EL Rosenlikör,
4 Eier, 150 g Mehl, 100 g Stärkemehl, 1/2 TL Backpulver,
Butter für die Kastenform
Für die Glasur: 200 g Puderzucker, 2 EL Rosenlikör,
30 g weiche Butter, kandierte Röschen

Den Rosenlikör 3–4 Tage im voraus zubereiten, weil er so lange ziehen muss, um sein volles Aroma zu entfalten.

Für den Rosenlikör den bitteren Stielansatz von den Rosenblütenblättern entfernen. Die Blätter in eine Schüssel geben und mit Wasser überbrühen, bis sie knapp bedeckt sind. Zugedeckt über Nacht ziehen lassen. Das Rosenwasser durch ein Sieb geben, Zucker zufügen und alles unter Rühren erhitzen. Vom Herd nehmen und auskühlen lassen. Korn und Weinbrand einrühren. Den Likör in eine Flasche füllen, verschließen und 3–4 Tage kühl und trocken lagern.

Für den Teig Butter und Zucker 10 Minuten in einer Schüssel schaumig schlagen. Salz, Zitronenschale und Rosenlikör einrühren und nach und nach jeweils 1 Ei unter gründlichem Rühren zugeben. Mehl, Stärkemehl und Backpulver vermischen, sieben und esslöffelweise unterheben. Eine Kastenform ausbuttern, den Teig einfüllen und glatt streichen. Im vorgeheizten Backofen bei 180 Grad 1 Stunde backen. Auskühlen lassen und aus der Form nehmen.

Für die Glasur den Puderzucker in eine vorgewärmte Schüssel sieben. Rosenlikör und Butter zu einer dickflüssigen Masse verrühren. Mit einem breiten Messer die Sandtorte bestreichen. Mit kandierten Röschen verzieren.

☞ Der Teig kann nach Belieben mit etwas Rosenzucker aromatisiert werden. Rosenzucker ist auch eine interessante Verfeinerung für Marzipan, Sahne und Cremes. Ein kleiner Vorrat ist immer nützlich. Von 100 g Rosenblüten den bitteren Stielansatz entfernen. Die Blätter mit dem Saft 1 Zitrone beträufeln und 3 Stunden ziehen lassen. 100 g Zucker zugeben und die Rosenblätter zu einer Masse zerreiben. In ein Glas füllen und gut verschließen.

Brotaufstriche, süß & pikant

Appetitlicher Brotbelag steckt voller Geschmacks- und Duftabenteuer, wenn sich beispielsweise die Butter mit Rosenblütenblättern oder mit Chrysanthemen, Basilikum- oder Borretschblüten vermählt. Käse wird zu einem schlichten Wunder im Schlaraffenland, wenn er Traumhochzeiten mit Ringelblumen, Majoran-, Rosmarin- und Salbeiblüten oder blauem Klee feiern darf. Frühstücksbrötchen, mit Rosen- oder Veilchenmarmelade bestrichen, sind eine Freude für das Auge und versprechen mit ihrer verführerischen Süße einen guten Start in den Tag.

Blütenbrote

1 Weißbrot (500 g), 100 g Butter, verschiedene verzuckerte Blüten

Verzuckerte Blüten sind ein dekorativer und appetitlicher Brotbelag. Man schneidet aus Weißbrot Kreise, Herzen, Blüten, Quadrate oder Rechtecke, bestreicht sie mit Butter, belegt sie mit verzuckerten Borretschblüten, Gänseblümchen, Veilchen, Magnolien oder Löwenzahnblüten (Rezept für Verzuckern S. 65) und ordnet sie auf einer Platte an.

Rosen-Apfel-Gelee

200 g frisch gepflückte, gereinigte Rosenblütenblätter,
1 l konzentrierter Apfelsaft, 1 kg Zucker

Von den Rosenblütenblättern den bitteren Stielansatz abschneiden. Die Blätter in eine Schüssel geben und mit kochendem Wasser überbrühen, danach sofort in Eiswasser tauchen und abtropfen lassen. Apfelsaft und

Zucker in einen Topf geben und unter Rühren zum Kochen bringen. Ein Fünftel der Rosenblütenblätter beiseite legen. Die restlichen in den Topf geben und im Gelee mitköcheln, bis sie sich gesetzt haben. Den Schaum abschöpfen. Sobald die Masse geliert, in vorbereitete Gläser füllen. Einige der beiseite gelegten Rosenblütenblätter zufügen. Die Gläser abbinden und kühl und dunkel aufbewahren.

Veilchenmarmelade

500 g Äpfel, 350 g Zucker, 1 Tasse Wasser,
1 Hand voll frisch gepflückter, gereinigter Veilchen

Die Äpfel waschen, in Stücke schneiden und dabei die Kerngehäuse entfernen. In wenig Wasser etwa 10 Minuten garen. Durch ein Sieb geben. Den Zucker mit dem Wasser aufkochen. Die Veilchenblüten hineingeben, zum Kochen bringen und kurz aufwallen lassen. Das Apfelmus zufügen, einige Male aufwallen lassen. In vorbereitete Gläser füllen, zubinden und an einem kühlen, dunklen Platz aufbewahren.

Rosenmarmelade

500 g frische, stark duftende Rosenblätter, ¾ l Wasser, 1 kg Zucker

Die Rosenblütenblätter waschen und abtropfen lassen. Die großen Blätter herausnehmen und die weißen Endspitzen mit einer Schere abschneiden. Die großen Blätter beiseite legen. Die Spitzen zusammen mit den kleineren Blättern in einen Topf geben. Das Wasser angießen, zum Kochen bringen und 10 Minuten köcheln. Den Zucker hinzufügen, kurz zum Kochen bringen und rühren, bis sich der Zucker aufgelöst hat. Abschäumen. Die beiseite gelegten großen Rosenblätter hineingeben und unter Rühren zu einer dicklichen Masse kochen. Vom Herd nehmen. In vorbereitete kleine Gläser füllen. Verschließen und an einem kühlen Ort aufbewahren.

Rosenmarmelade mit Rosenwasser

Für das Rosenwasser: 125 g frisch gepflückte, stark duftende
Rosenblütenblätter, $\frac{3}{4}$ l Wasser
Für die Marmelade: 500 g frisch gepflückte, stark durftende Rosenblütenblätter,
1 l Wasser, 2 Zitronen, 1 kg Zucker, $\frac{3}{4}$ l Rosenwasser

Für das Rosenwasser die Blütenblätter waschen, trockentupfen und den bitteren Stielansatz entfernen. Mit lauwarmem Wasser übergießen und zugedeckt 2 Tage stehen lassen. Durch ein feines Baumwolltuch pressen. Für die Marmelade die Blütenblätter waschen, trockentupfen und den bitteren Stielansatz entfernen. Die Blütenblätter in ein Sieb legen und mit kochendem Wasser überbrühen, danach sofort in Eiswasser tauchen. Diesen Vorgang dreimal wiederholen. Die Blütenblätter ausdrücken und in eine Schüssel legen. Zitronensaft und 250 g Zucker untermischen. Den restlichen Zucker mit dem Rosenwasser erhitzen, die Blütenblätter hineingeben und unter Rühren zu einer Marmelade kochen. In vorbereitete Gläser füllen und kühl stellen.

Butterrolle mit Kapuzinerkresse

375 g kalte Butter, 15 frische, gereinigte Kapuzinerkresseblüten in verschiedenen Farben

Die Butter auf Haushaltfolie legen und mit einem angefeuchteten Nudelholz 5 mm dick ausrollen. Die Blüten aufstreuen. Zusammenrollen, in Alufolie wickeln und in den Kühlschrank geben. Die Butterrolle vor dem Servieren in Scheiben schneiden.

☞ Statt Kapuzinerkresse die Blütenblätter von 2 großen gelben Chrysanthemen oder 1 Hand voll Basilikumblüten nehmen.

Butterrolle mit Rosenblüten

375 g Butter, 1 kräftige Prise Salz, Eigelb von 1 hart gekochtem Ei,
30 frisch gepflückte, gereinigte Rosenblütenblätter in verschiedenen Farben

Die Butter in einer angewärmten Schüssel verrühren und salzen. Das Eigelb mit einer Gabel zerdrücken und mit der Butter vermischen. In den

Kühlschrank stellen. Von den Rosenblütenblättern den bitteren Stielansatz entfernen. Die Butter auf Haushaltsfolie geben und mit einem angefeuchteten Nudelholz 5 mm dick ausrollen. Die Blütenblätter aufstreuen. Zusammenrollen, in Alufolie wickeln und in den Kühlschrank geben. Die Rolle vor dem Servieren in Scheiben schneiden.

☞ Statt Rosenblüten 1 Hand voll frischer, gereinigter Borretsch-, Salbei- oder Rosmarinblüten nehmen.

Frischkäse mit Walnüssen und Thymianblütenspitzen

175 g Frischkäse, 50 g Butter, 2 EL Thymianblütenspitzen, 4 EL gehackte Walnüsse, 2 getrocknete, fein geschnittene Datteln, 1 Prise Paprika edelsüß, Salz, frisch gemahlener weißer Pfeffer, 4 Weißbrotscheiben, Thymianblütenspitzen, Walnusshälften

Den Frischkäse in eine Schüssel geben. Butter, Thymianblütenspitzen, Walnüsse, Datteln und Gewürze zufügen und alles glatt rühren. Die Käsemasse auf die Weißbrotscheiben streichen und mit Thymianblütenspitzen und Walnusshälften garnieren.

Käsewürfel mit blauem Blütenschmuck

500 g Schnittkäse (Emmentaler, Schweizer Käse, Bergkäse),
2 Hand voll frisch gepflückter blauer Blüten
(Borretsch, Rosmarin, Bohnenkrautblüten, Salbei)

Den Käse in mundgerechte Würfel schneiden. Die Würfel jeweils mit 1–2 Blüten dekorieren und auf einer Platte anrichten. Die Platte ringsum mit Blüten umlegen.

Frischkäsecreme mit blauem Klee

300 g Doppelrahmfrischkäse, 2 EL Zitronensaft, 2 EL Schlagsahne,
1 Hand voll blauer Kleeblüten, 1 frische Feige

Den Käse in eine Schüssel füllen und mit Zitronensaft und Schlagsahne verrühren. Den Klee und die Feige waschen, fein hacken und unter die Käsemasse mischen.

Frischkäsecreme mit Ringelblumen

400 g Frischkäse, 150 g saure Sahne, 1 TL abgeriebene,
unbehandelte Orangenschale, Saft von 3 Orangen, Salz,
frisch gemahlener weißer Pfeffer, 100 g geröstete Pinienkerne,
2 Hand voll frisch gepflückter, gereinigter Ringelblumen

Den Käse in eine Schüssel geben und mit Sahne, Orangenschale und Orangensaft verrühren. Mit Salz und Pfeffer abschmecken. Geröstete Pinienkerne und Ringelblumenblätter darüber streuen.

Würzeier mit Majoranblüten

8 hart gekochte Eier, 1 Schalotte, 2 kleine Gewürzgurken,
2 EL fein gewiegter Kräuter, 2 TL mittelscharfer Senf,
250 g Gehacktes vom Rind, Salz, frisch gemahlener schwarzer Pfeffer,
8 Oliven, Petersilie, Majoranblüten

Die Eier halbieren. An den Rundungen jeweils etwas Eiweiß abschneiden, damit die Eihälften einen festen Stand haben. Das Eigelb herausnehmen, zerdrücken und in eine Schüssel füllen. Die Schalotte schälen und fein schneiden. Die Gurken in kleine Würfel schneiden. Schalotte, Gurke, Kräuter, Senf und Tatar mit dem Eigelb vermengen, mit Salz und Pfeffer abschmecken und auf den Eihälften verteilen. Mit halbierten Oliven, Kräutern und Majoranblüten dekorieren.

Schafskäse mit Salbeiblüten

*750 g Schafskäse, 3 Knoblauchzehen, 5 weiße Pfefferkörner,
je 1 Rosmarin-, Thymian- und Basilikumzweig, 1 TL Oregano, 1 TL Salz,
1 Lorbeerblatt, ¾ l Öl, 1 Hand voll frisch gepflückter, gereinigter Salbeiblüten*

Den Käse in Würfel schneiden. Den Knoblauch pellen und fein hacken.
Die Pfefferkörner zerdrücken. Käsewürfel, Knoblauch, Pfefferkörner,
Kräuterzweige, Oregano, Salz und Lobeerblatt in ein Glas füllen. So viel
Öl angießen, dass die Käsewürfel bedeckt sind. 14 Tage an einem kühlen,
dunklen Platz durchziehen lassen. Die Käsewürfel auf einer Platte anrichten und mit Salbeiblüten garnieren.

Getränke

Wo Bowlen bereitstehen, sind Genießer gut aufgehoben. Bowlen lassen sich gut vorbereiten, löschen den Durst und sind obendrein recht ansehnlich. Wer möchte nicht beim Anblick einer farbenprächtigen Erdbeer-Rosen-Bowle in Bravo-Rufe verfallen (an das herrliche Aroma kann man sich gewöhnen!). Auch eine Bierbowle mit Salbeiblüten oder eine Sommerblüten-Bowle sind ein Geschmackserlebnis. Allerdings sollte man nicht vergessen, Weißwein und Sekt beizeiten kalt zu stellen. Und lieber etwas mehr vorbereiten als zu wenig! Wer sich mal so nebenher an einem „bewegten" Gläschen erfreuen will, sollte sich einen Kullerpfirsich mit Borretschblüten gönnen.

Veilchenbowle

2 Hand voll frisch gepflückter, gereinigter Veilchenblüten,
2 Flaschen Weißwein, 2 Flaschen Sekt

Die Veilchenblüten mit ¾ Liter Weißwein übergießen und über Nacht zugedeckt ziehen lassen. Durch ein feines Sieb gießen. Die Veilchenflüssigkeit mit dem restlichen gut gekühlten Weißwein vermischen. Vor dem Servieren gut gekühlten Sekt zugießen.

☞ Anstelle der Veilchen Nelken, Reseda- oder Jasminblüten verwenden.

☞ Die Bowlentemperatur sollte zwischen 5–8 Grad liegen. Auf keinen Fall Eisstückchen zum Kühlen in die Bowle geben. Dann lieber das Bowlengefäß auf gestoßenen Eisstückchen betten. Beim Zubereiten von Bowlen keine verzinkten oder Blechgefäße verwenden.

☞ Bowle sollte nur aus frischen, reifen oder tiefgefrorenen Früchten bereitet werden. Eingemachtes Obst hat wenig Aroma und ist oftmals auch zu süß.

Erdbeer-Rosen-Bowle

Für 6 Personen: 1 kg Erdbeeren (noch besser sind Walderdbeeren),
15 frisch gepflückte Rosenblütenblätter, 10 Blättchen Zitronenmelisse,
1 Prise Salz, 2 Flaschen leichter, gut gekühlter Weißwein,
2 Flaschen trockener, gut gekühlter Sekt

Die Erdbeeren waschen und putzen. Von den Rosenblütenblättern den bitteren Stielansatz entfernen, die Blätter waschen und abtropfen lassen. Die Melisseblättchen ebenfalls waschen, trockentupfen und mit den Rosenblütenblättern und den Erdbeeren in ein Bowlengefäß legen, Salz aufstreuen, den Weißwein aufgießen. Das Bowlengefäß zudecken und 3 Stunden kühl stellen. Vor dem Servieren gut gekühlten Sekt zugießen.

Brombeerbowle mit Reseda

500 g Brombeeren, 2 Flaschen Roséwein, 1 Hand voll Resedablüten,
2 Flaschen trockener Sekt

Die Brombeeren waschen, abtropfen lassen. Zusammen mit dem Wein und den Resedablüten in ein Bowlengefäß geben. Zugedeckt 3 Stunden kühl stellen. Vor dem Servieren den gut gekühlten Sekt zugießen.

Bier-Bowle mit Salbeiblüten

4 rotbackige Äpfel, 4 unbehandelte Zitronen, 200 g Zucker, 4 Gewürznelken,
1 Prise Zimt, 3 l Pilsner, 2 EL frische Salbeiblüten

Die Äpfel waschen, das Kernhaus ausstechen. Die Äpfel in 1 cm dicke Scheiben schneiden und in ein Bowlengefäß schichten. 3 Zitronen auspressen und den Saft über die Äpfel gießen. Zucker, Nelken und Zimt darüber geben. Alles vermischen. Zugedeckt 1 Stunde ziehen lassen. Die verbleibende Zitrone in Scheiben schneiden und in das Bowlengefäß legen.

Das Bier angießen. Zugedeckt 1 Stunde ziehen lassen. Die Salbei-blüten hineingeben und noch 1 weitere Stunde ziehen lassen. Gut gekühlt servieren.

Sommer-Blüten-Bowle

4 Pfirsiche, 500 g nicht zu große Erdbeeren, 5 Blättchen Zitronenmelisse
1 Msp. Salz, 2 Flaschen gut gekühlter Weißwein (Riesling),
2 Flaschen trockener, gut gekühlter Sekt,
2 Hand voll Borretschblüten

Von den Pfirsichen die Haut abziehen. Das Fruchtfleisch in Würfel schnei-den. Die Erdbeeren waschen, abtropfen lassen und abzupfen. Zitronen-melisse ebenfalls waschen und trockentupfen. Pfirsichwürfel, Erdbeeren, Zitronenmelisse in ein Bowlengefäß geben. Das Salz darüber streuen. Weißwein zugeben. Das Bowlengefäß abdecken und 3 Stunden an einen kühlen Platz stellen. Vor dem Servieren den Sekt zugießen und die gerei-nigten Borretschblüten darüber streuen.

Kamillenblütenwein

1 Hand voll frisch gepflückter, gereinigter Kamillenblüten,
2 Flaschen Weißwein, 500 g grüne Melonenkugeln

Die Kamillenblüten mit ¾ Liter Weißwein in ein Bowlengefäß geben. Zugedeckt 1 Stunde ziehen lassen. Den restlichen gut gekühlten Wein und die Melonenkugeln zugeben und sofort servieren.

Kullerpfirsich mit Borretschblüten

4 kleine, reife Pfirsiche, 1 Flasche gut gekühlter Sekt,
1 Hand voll frisch gepflückter, gereinigter Borretschblüten

Die Pfirsiche waschen und mehrmals mit einer Gabel einstechen, in Sektgläser legen und den Sekt aufgießen. Mit Borretschblüten garnieren. Das Besondere daran: Der Pfirsich und die Blüten beginnen sich zu drehen.

☞ Anstelle der Borretschblüten kann man auch Phlox verwenden.

Holunderblütenlimonade

Rispen von 6 Holunderblütendolden, 6 unbehandelte Zitronen,
5–6 EL Zucker, 2 l Wasser

Die Holunderblüten waschen und abtropfen lassen. Die Zitronen in Scheiben schneiden und mit dem Zucker in einen Glaskrug oder in ein Bowlengefäß geben. Das Wasser zugießen, die Holunderblüten hineingeben und über Nacht ziehen lassen. Vor dem Servieren Eiswürfel zugeben.

Grapefruitsaft mit Lavendelzucker

Für den Lavendelzucker: 500 g Zucker, 3 Hand voll frisch gepflückter Lavendelblüten
Für den Saft: 1 l frisch gepresster Grapefruitsaft, 2–3 EL Lavendelzucker,
einige frisch gepflückte, gereinigte Gänseblümchen

Zucker und Blüten schichtweise in ein Glas geben und 6 Wochen an einen dunklen Platz stellen. Ein Sieb auswählen, das nur die Blüten zurückbehält und nur die Zuckerkristalle durchlaufen lässt. Den Zucker in gut verschließbare Gläser füllen. Für das Getränk den Grapefruitsaft mit dem Zucker verrühren, in Gläser füllen. Einige Gänseblümchen obenauf geben.

☞ Einen Vorrat an Lavendelzucker sollte man stets parat haben. Er verfeinert Backwerk, Eis, Saucen und Pfannkuchen.

Rosenlimonade

Rosenblätter von 4 duftenden, frisch gepflückten Rosen,
250 g Zucker, 1 ¾ l Wasser, 6 Zitronen

Die Rosenblätter waschen, abtropfen lassen und den bitteren Stielansatz entfernen. Mit dem Zucker in einen Topf geben, das Wasser zugießen. Alles zum Kochen bringen, kurz aufwallen lassen, vom Herd nehmen und zugedeckt auskühlen lassen. Durch ein feines Sieb gießen. Die Zitronen auspressen und den Saft zur Rosenlimonade geben.

☞ Vor dem Servieren Eiswürfel mit eingefrorenen Rosenblütenblättern oder kleinen Röschen hineingeben.

Verzeichnis
der Rezepte

Verzeichnis der Rezepte

Verzeichnis der Rezepte

Hauptgerichte

Verzeichnis der Rezepte

Desserts

Torten & Törtchen

Brotaufstriche, süß & pikant

Verzeichnis der Rezepte